La sombra en el espejo

Ernesto Hernández Busto
La sombra en el espejo

Versiones japonesas

© Ernesto Hernández Busto, 2016
© Fotografía de cubierta: *El estanque (Nanzenji, Kioto)*, E. Hernández Busto, 2016
© Bokeh, 2016

Leiden, NEDERLAND
www.bokehpress.com

ISBN 978-94-91515-60-6

Todos los derechos reservados. Cualquier forma de reproducción, distribución, comunicación pública o transformación de esta obra sólo puede ser realizada con la autorización de sus titulares, salvo excepción prevista por la ley.

Presentación 13

Jisei: poemas de despedida
Bokusui (1874-1914) 19
Bufu (?-1792) 20
Fukuda Chiyoni (1703-1775) 21
Dohaku (?-1675) 22
Fusen (1720-1777) 23
Fuwa (?-1712) 24
Gaki [Ryunosuke Akutagawa]
(1892-1927) 25
Gensho (1684-1742) 26
Ginka (1723-1784) 27
Ginko (1717-1790) 28
Gitoku (1702-1754) 29
Gozan (1718-1789) 30
Katsushika Hokusai
(1760-1849) 31
Tachibana Hokushi
(1665-1718) 32
Ichimu (1803-1854) 33
Ichishi (1708-1746) 34
Jomei (1705-1766) 35
Kaiga (1651-1718) 36
Kaisho (1842-1914) 37
Karai (1721-1778) 38
Kizan (1787-1851) 39
Koha (?-1897) 40
Kyohaku (1772-1847) 41
Kyo'on (1686-1749) 42
Michikaze (1640-1709) 43
Nakamichi (?-1893) 44
Hattori Ransetsu (1654-1707) .. 45
Renseki (1702-1789) 46
Retsuzan (1789-1826) 47
Rochu (1700-1744) 48

Taigu Ryōkan (1758-1831) 49
Ryuho (1594-1669) 50
Ihara Saikaku (1642-1693) 51
Seiju (1701-1776) 52
Seira (1739-1791) 53
Seishu (1723-1817) 54
Senryu (1717-1790) 55
Senryu II (?-1827) 56
Setsudo (1715-1776) 57
Shagai (?-1795) 58
Sharyu (mediados del XIX) 59
Shidoken (?-1765) 60
Shigenobu (?-1832) 61
Shinseki (1712-1764) 62
Shogetsu (1829-1899) 63
Shogo (1731-1798) 64
Shozan (?-1873) 65
Shukyo (?-1826) 66
Ogawa Shushiki (1669-1725) 67
Shutei (1810-1858) 68
Sodō (1642-1716) 69
Soko (1726-1770) 70
Tanko (1826-1884) 71
Matsuki Tantan (1674-1761) 72
Tembo (1740-1823) 73
Wakyu (?-1759) 74
Yaohiko (1695-1777) 75

DE LO EFÍMERO
Ono no Komachi (825-900) 79
Ariwara Narihira (825-880) 83
De *Ise monogatari* (siglo X) 84
Fujiwara no Atsutada (906-943) .. 85
Saigyō Hōshi (1118-1190) 86
Fujiwara no Teika (1162-1241) 90

Ikkyū Sōjun (1394-1481) 100
Kashiku (finales del XVII) 104
Yamazaki Hokka (1700-1746) ... 105

SIEGA DE MAESTROS
Iio Sōgi (1421-1502) 109
Yamazaki Sōkan (1465-1552) 111
Arakida Moritake
(1473-1549) 114
Yasuhara Teishitsu
(1610-1673) 115
Kosuki Isshō (1653-1688) 116
Samboku (siglo XVII) 117
Matsuo Basho (1644-1694) 118
Hattori Ransetsu (1654-1707) 131
Mukai Kyorai (1651-1704) 135
Morikawa Kyoroku
(1656-1715) 138
Tan Taigi (1709-1771) 139
Oshima Ryōta (1718-1787) 141
Yosa Buson (1716-1783) 143
Wakyu (?-1759) 158
Kobayashi Issa (1763-1828) 159
Ueda Chōshū (1852-1932) 173
Takai Kito (1741-1789) 174
Kuroyanagi Shōha
(1727-1771) 175
Taigu Ryōkan (1758-1831) 176
Isso (1842-1899) 184
Masaoka Shiki (1867-1902) 185
Takahama Kyoshi (1874-1959) ... 204
Kawabata Ryūshi (1885-1966) ... 205
Natsume Sōseki (1867-1907) 206
Gaki [Ryunosuke Akutagawa]
(1892-1927) 214

Kawabata Bosha (1897-1941) 215
Hōsai Ozaki (1885-1926) 218
Taneda Santōka (1882-1940) ... 221

LIBRO DE INSECTOS
Takatsuki Rikei (?-1762) 225
Matsunaga Teitoku
(1571-1653) 226
Sōyo (1526-1563) 227
Togetsu (?) 228
Yokoi Yayu (1702-1783) 229
Sakurai Baishitsu
(1769-1852) 230
Takarai Kikaku (1661-1707) 231
Matsuo Basho (1644-1694) 232
Kobayashi Issa (1763-1828) 237
Masaoka Shiki (1867-1902) 238
Chine (1660-1688) 241
Mukai Kyorai (1651-1704) 242
Kawahara Biwao (1930-) 243

LO QUE SABE LA ALMOHADA
Ôtomo no Sakanoe
no Iratsume (*circa* 700-750) 247
Kasa no Iratsume (primera
mitad del siglo VIII) 248
Ono no Komachi (825-900) 249
Akazome Emon (956–1041) 250
Izumi Shikibu (976-1030) 251
Hija de Shunzei [Fujiwara
no Toshinari no Musume]
(1170-1241) 252
Fukuda Chiyoni (1703-1775) 253
Ukihashi (finales del XVII) 254
Enomoto Seifu-Jo (1731-1814) ... 255
Yosano Akiko (1878-1942) 256
Sugita Hisajo (1890-1946) 257
Dos canciones de geishas 258
De *La historia de Genji* /
From *The Tale of Genji*, de
Murasaki Shikibu (974-1031) 259

A T. F.

Nuestro mundo parece
la sombra en el espejo:
no está donde la vemos
pero tampoco ausente.

*[Yo no naka wa
kagami ni utsuru
kage ni are ya
aru ni mo arazu
naki ni mo arazu]*

    Minamoto no Sanetomo

Presentación

Entre abril de 2014, fecha en que visité Japón por primera vez, y el otoño del 2016, que cierro con otro viaje al mismo lugar, he estado leyendo casi exclusivamente poesía japonesa.

Asombrado a veces por las disparidades de sentido que encontraba en las traducciones de haikus, e inconforme otras veces con las soluciones formales de varios traductores al español, francés, inglés o italiano –o entre diversos traductores de una misma lengua–, me dediqué a apuntar en un cuaderno mis propios intentos de versión de los poemas que prefería. Más que tratar de ser fiel a un original accesible sólo por idiomas intermedios (hace apenas unos meses que he empezado a tomar lecciones básicas de japonés), juntaba lo que me parecían poemas defendibles en el idioma de llegada, construidos a partir de las transliteraciones silábicas al *rōmaji* y sus traducciones equivalentes.

Aquel cuaderno obsesivo de trabajos, días y diccionarios se ha convertido en este libro. Con él me sumo (modestamente) a una larga lista de «intérpretes» o «versionistas» de la poesía japonesa que nunca llegaron a dominar el japonés: Ezra Pound, Kenneth Rexroth, Robert Hass, Jacques Roubaud, los *concretos* brasileños, Paulo Leminski, Octavio Paz, José Emilio Pacheco, Javier Sologuren, el cubano Orlando González Esteva –que ha hecho versiones notables de Issa– y un largo etcétera donde destacan algunos de los nombres que marcaron la poesía anglosajona y latinoamericana del siglo XX. Allí he ido a beber: en los poetas que traducen a poetas, pero sin prescindir de las explicaciones y los escolios de estudiosos como R. H. Blyth, Donald Keene, Harold G. Henderson, Makoto Ueda, Burton Watson o Earl Miner.

He revisado muchísimas versiones al español de poesía japonesa, la mayoría hechas por académicos. Hay algunos aciertos, pero también, con frecuencia, el traductor cede a la tentación de comunicarnos el sentido fuera de cualquier aspiración formal. Ni siquiera las traducciones que hizo un excelente poeta, Eduardo Moga, de la antología de *jisei* de Yoel Hoffmann (2000: *Poemas japoneses a la muerte*, Barcelona: DVD Ediciones) escapan a las trampas de «traducir una imagen» sin respetar las convenciones formales del haiku. De la tercera parte de esa antología de Hoffmann proceden las versiones de los *jisei* o poemas de despedida (escritos antes de morir) que abren este libro.

La segunda parte, «De lo efímero», es una selección personalísima de tankas y haikus que ilustran el famoso *mono no aware*, *pathos* de las cosas o «tristeza-ante-el-carácter-efímero-del-mundo-visible»: meollo del sentimiento poético japonés y tradición consagrada en las célebres antologías de la era Heian (794-1185).

La tercera sección, «Siega de maestros», recoge una muestra mínima de varios maestros del haiku. Están los cuatro más célebres (Basho, Buson, Issa y Shiki), pero también sus precursores, así como algunos de sus principales discípulos.

La cuarta es una pequeña recopilación sobre el inagotable tema de los insectos en la poesía japonesa. Surgió, también, de mi molestia ante unas traducciones incluidas en un libro de Lafcadio Hearn (*Sombras*), y ha crecido con el tiempo y otras cacerías literarias.

La última parte es una especie de anexo de género: versiones de un puñado de poetas japonesas, según la selección y las traducciones al inglés de Kenneth Rexroth e Ikuko Atsumi. Valga recordar que ningún otro país ha tenido tantas poetas notables, desde los tiempos en que se compiló el *Manyōshū*, antología fundacional de la segunda mitad del siglo VIII, donde conviven emperadores y militares con princesas y cortesanas. El libro de Rexroth popularizó en inglés esta lírica delicadísima, si bien al comparar sus traducciones con los originales comprobamos que no están exentas de desvíos.

Aunque aquí aparezcan muchos de los principales y más populares poetas de Japón, esta antología no tiene la menor pretensión de exhaustividad. Fue hecha con poemas que me gustan y cosas que me parecieron interesantes en estos años de lectura monotemática. Algunas de esas razones de gusto y otras cuestiones lingüísticas se explican en las notas, que también usé para comentar decisiones del traductor, comparar, ahondar en significados, etcétera. Pero la idea central es que los poemas en español se defiendan solos. El hecho de incluir las transcripciones fónicas del original, que tal vez distraiga un poco de esa pretensión de autonomía, sólo quiere hacer evidentes al lector en nuestra lengua la recurrencia de algunos términos y giros, así como los juegos silábicos y estructurales. Obviamente, estoy más cerca de la poesía que de la filología. Como nos enseñó Paz con sus «versiones y diversiones» del japonés, el chino o el sánscrito, o como el poeta catalán Marià Manent deja claro en su hermoso libro de versiones chinas *L'aire daurat* (1928), la traducción aproximativa desde una lengua que desconocemos puede ser también uno de los caminos –otro más– para la lírica personal.

Debo agradecer a dos amigos, excelentes poetas y traductores «serios» del japonés, Aurelio Asiain y Jordi Mas López, que revisaron algunas de estas versiones, me aclararon dudas y sugirieron mejoras. También, a Tomoyuki Furuta su cuidadosa revisión final y utilísimos comentarios.

Barcelona, octubre de 2016

Jisei: poemas de despedida

A partir de Yoel Hoffmann (1986): *Japanese Death Poems*. North Clarendon: Charles E. Tuttle Company.

¿Mi despedida?
La nieve que se funde
no deja olor.

*Jisei nado
zansetsu ni ka mo
nakarikeri*
               —Bokusui

Ya no me importa
a dónde acaben yendo,
nubes de otoño.

*A mama yo
izuku e chiro to
aki no kumo*

               —Bufu

Tras ver la luna
puedo decirle al mundo:
«atentamente».

Tsuki mo mite
ware wa kono yo o
kashiku kana

    —Chiyoni

Kashiku es una frase que las mujeres utilizan para despedirse al terminar las cartas; equivale a nuestro «atentamente» o «atentamente suya». Es también el pseudónimo de un monje poeta, incluido en la segunda sección de esta antología.

Voy rumbo al Cielo
ya sin ninguna carga;
luna: mi barca.

*Tsumimono ya
nakute jōdo e
tsuki no fune*

    —Dohaku

Tsumi tiene el doble sentido de «carga» y «pecado». El segundo verso de la traducción, por lo tanto, tiene un obvio significado simbólico, frecuente en los *jisei*.

Justo este día
se derrite el muñeco:
hombre de nieve.

Kyō to iu
kyō zo makoto no
yukibotoke

—Fusen

Así como la cultura del haiku tiene un sofisticado sistema de códigos donde ciertas palabras –los célebres *kigo*– indican la estación o el momento de la estación al que se refieren, los *jisei* aluden casi siempre a la época en que su autor sabe o intuye que va a morir. En este caso, evidentemente, un invierno cerrado. *Yukibotoke*, explica Hoffmann, significa «muñeco de nieve», aunque su traducción al japonés contemporáneo sería *Yuki-daruma* por alusión al muñeco que representa al Bodhidharma. *Hotoke*, además, designa a «los budas» o «los iluminados», y a las personas fallecidas. El poema juega con todos estos significados.

De vuelta a casa,
pétalos del ciruelo:
lugar fragante.

Ume chirishi
nioi no tsuchi o
kokyō e zo

    —Fuwa

Un punto, apenas,
brilla en la oscuridad:
nariz mocosa.

*Mizubana ya
hana no saki dake
kure nokoru*

—Gaki

Gaki fue el *nom de plume* del escritor Ryunosuke Akutagawa, que la noche del 23 de julio de 1927, con 36 años, escribió este haiku y se lo dio a una tía para que lo entregara al médico de la familia. Un poco más tarde, se envenenó. Sorprende, entonces, el tono humorístico del poema. Uno de los primeros y más famosos relatos de Akutagawa se titula precisamente *Hana* (La nariz).

Un cementerio:
luciérnagas de otoño,
dos o tres, sólo.

Hakahara ya
aki no hotaru no
futatsu mitsu

—Gensho

Según Hoffmann, que cita un texto compilado en *Haikai kafu* (*Genealogía de los haiku*, 1751), Gensho compuso este poema tras el encargo de un monje zen del templo Myoshinji de Kioto, que le llevó el dibujo de una calavera y le pidió que escribiera algo para acompañarlo. Tras caligrafiar este poema, «el quinto día del primer mes de 1742», Gensho dejó el pincel y murió.
La estación habitual de las luciérnagas (*hotaru*) es el verano, pero algunas, tardías, se dejan ver en las primeras noches de otoño.

Me elevo al cielo
desde abisales deudas:
dragón de otoño.

Shakusen no
fuchi kara tenjō
tatsu no aki

—Ginka

El poeta murió en el otoño de 1784, Año del Dragón, criatura que, según la mitología popular japonesa, al final de su vida asciende a los cielos desde el fondo del mar. Al parecer, Ginka veía su muerte con un dejo de ironía: una solución para sus muchas deudas.

Ved: primavera.
Se derrite la nieve
y yo aquí sigo.

Okuretari
awayuki kienu
korewa korewa

   —Ginko

Un cielo claro.
Vuelvo por el camino
por donde vine.

Sora saete
moto kishi michi o
kaeru nari

—Gitoku

Nieve que ayer
fue una lluvia de pétalos,
vuelve a ser agua.

Hana to mishi
yuki wa kinō zo
moto no mizu

    —Gozan

Hana, «flor», es casi por antonomasia «flor del cerezo». La variedad con flores blancas es comparada, en toda la literatura clásica japonesa, con la caída de la nieve. Ambas imágenes, como bien señala Hoffmann, no sólo tienen afinidad visual sino, además, comparten el significado metafórico de la transitoriedad.

Como un espectro
vagaré por los campos
este verano.

Hitodama de
yuku kisan ja
natsu no hara

—Hokusai

Hokusai fue uno de los grandes pintores de Japón, tal vez el más conocido en Occidente por su serie de vistas del monte Fuji y sus pinturas del «mundo flotante» de Edo (*ukiyo-e*). El «espectro» del poema (*hitodama*; literalmente el alma de una persona, y término que evoca la imagen de una pelota por la homonimia con *tama* o *dama*) es un fantasma que, según las creencias japonesas, abandona el cuerpo en el momento de la muerte y adopta la forma de una bola de fuego, de color azul claro, que flota un tiempo sobre la casa del difunto y más tarde sobrevuela los cementerios. Aunque en japonés se usa el término *maboroshi* para referirse a fantasmas, espectros y aparecidos, aquí me parece que «espectro» puede calificar el fenómeno visual antes descrito.

Escribo, borro,
reescribo y borro, pero
con la amapola.

---

*Kaite mitari
keshitari hate wa
keshi no hana*

—Hokushi

Este poema de despedida descansa en un juego de palabras: *keshi* tiene el doble significado de «borrar» y «amapola». Hokushi, afilador de espadas, ilustre borrachín y discípulo de Basho, intenta –según Hoffman– afirmar la superioridad de la naturaleza sobre la cultura. Para Robin D. Gill, sin embargo, la amapola es símbolo de un florecer efímero: más que representar la Naturaleza, indicaría la efímera presencia de la poesía dentro del mundo evanescente de los sueños.

Un sueño roto:
¿ya sabes dónde van
las mariposas?

*Yume hitotsu
yaburete chō no
yukue kana*

   —Ichimu

Muchos de los *jisei* o «poemas de la hora final» incluyen, más o menos en clave, el nombre de su autor. Tal es el caso: *ichi* (uno) *mu* (sueño), si se pronuncian a la manera china, referencia fundamental de la tradición clásica japonesa. Los mismos caracteres, en el mismo orden y con la pronunciación japonesa (*yume*, sueño; *hitotsu*, uno), forman el primer verso del poema. La mezcla de sueño y mariposa (*chō*) recuerda la famosa parábola de Chuang-Tzu: la confusión entre el mundo real y el ilusorio.

¿Ya lo entendiste?
Un canto de cigarra,
voz del otoño.

Nami satoru
katsu to hitokoe
aki no koe

—Ichishi

La pregunta con que se abre el poema tiene, en el original, el doble significado de «¿Has entendido?» y «¿Ya te iluminaste?». La iluminación se asocia aquí a un sonido (*hitokoe*): el son de una cigarra que es, al mismo tiempo, real y metafísica. Son las cigarras *higurashi*, «puesta de sol», porque su canto melancólico puede escucharse al atardecer, en verano, hasta la entrada del otoño, en septiembre. *Aki no koe*, «voz del otoño», es un célebre *kigo* que evoca distintos ecos o sonidos naturales con una connotación de tristeza.

Nuestras palabras:
un montón de hojarasca
color de otoño.

Koto no ha ya
ugokanu yama mo
aki no iro

—Jomei

El poema incluye, como advierte Hoffmann, un juego de palabras: *kotoba*, «lenguaje» es, literalmente *koto*, «decir», «palabra», y *ha*, hojas; de ahí *koto no ha*, forma antigua, «hojas de palabras», hojarasca letrada a merced del otoño. Un juego similar aparece en un famoso poema de Izumi Shikibu.

Extrañas, vuelan,
mensajeras inquietas,
estas luciérnagas.

*Omoshiro ya
sau no tsukai no
tobu hotaru*

—KAIGA

No es tan ajena a la poesía occidental la imagen de las luciérnagas como sutiles mensajeras que rondan el alma de los difuntos. También en Occidente los muertos se asocian a veces a fuegos fatuos.

Ante el cerezo
me guardo en el bolsillo
toda mi tinta.

Futokoro e
suzuri shimau ya
yūzakura

   —Kaisho

La «tinta» es, en el original, *suzuri*, una piedra que hace la función de recipiente de la pastilla de tinta (*sumi*), donde se frota el pincel para escribir o pintar. Cuando no se usa, la pastilla se guarda en un estuche especial. La visión de los cerezos ha dejado mudo al poeta, que decide guardar su pastilla de tinta en el *futokoro*, la parte frontal del kimono donde se solapan las dos mitades, y que se emplea como bolsillo para guardar objetos personales.

Último viaje:
¿por qué dudar si Amida
me dio permiso?

Mayoyasenu
tōri kitte no
Namu Amida

—Karai

Según Hoffmann, es un poema irónico; la ironía surge de la yuxtaposición de *tori kitte* (permiso de viaje) y la figura misericordiosa del Buda Amida, central en el budismo japonés.

Cuando haya muerto
¿alguien se ocupará
del crisantemo?

*Rusu naredo
tou hito mo kana
nokorigiku*

—Kizan

La poesía japonesa, llena de crisantemos (*kiku*), concibe esta flor como el emblema de algo capaz de sobrevivir e incorporarse, incluso bajo las peores circunstancias. *Nokorigiku* (al añadir el adjetivo la k se convierte en sonora g), término con que cierra el poema, es literalmente «el crisantemo que queda», y tiene el doble significado del que ha sobrevivido al otoño –cuando sus compañeros ya se han marchitado– y el que perdura luego que el dueño del jardín ha muerto (Hoffmann).

Dejo el pincel.
Voy a hablarle a la luna
cara a cara.

*Fude nagete
tsuki ni mono iu
bakari nari*

    —Koha

No me merezco
toda la alfombra roja
que deja el arce.

Ōkenaki
toko no nishiki ya
chiri-momiji

        —Kyohaku

Momiji son las hojas otoñales, pero aquí el poeta se refiere a las hojas rojizas del arce a finales de esa estación, equiparándolas con una alfombra de seda (*toko no nishiki*) que tiene las connotaciones celebratorias y el mismo color de nuestra ceremonial «alfombra roja».

Último pedo:
¿son hojas de mi sueño
que, fatuas, caen?

Yume no ha ka
chiru sharakusashi
saigo no he

—Kyo'on

Hokku y *jisei* no son ajenos al humor escatológico. Hay bastantes pedos en la lírica japonesa, incluso en momentos que suelen requerir de seriedad extrema (el mejor ejemplo es tal vez un poema de Yamasaki Sōkan: «Incluso cuando / mi padre se moría / me pedorreaba»). Aquí la imagen del sueño o estancia pasajera en el mundo de la irrealidad se combina con la ventosidad gracias a un juego de palabras: *sharakusashi* significa «jactancia» o vanidad»; su última parte, *kusashi*, «hedor».

Visto hoy ligero
para viajar a un mundo
desconocido.

*Kyō zo haya
minu yo no tabi e
koromogae*

—Michikaze

Koromogae es la palabra que anuncia el cambio de la ropa gruesa (*koromo* quiere decir ropa) por la más ligera de verano, que originalmente se llevaba a cabo a principios del cuarto mes lunar, según el calendario antiguo. Como pentasílabo, es de uso frecuente para cerrar el haiku (ver, por ejemplo, el *jisei* de Shogo aquí incluido). Hoy en día, el término marca el cambio de vestuario que tiene lugar tanto a comienzos del verano como a finales de otoño. Los japoneses, muy puntillosos en esto de la ropa y la moda de estación, tienen establecido el 1 de junio y el 1 de octubre como fechas de *koromogae*. La tradición de hacerlo sólo dos veces viene de la época Edo, pero en la época Heian (794-1185), que fue algo así como un paraíso para modistos y poetas, el *koromogae* llegó a practicarse hasta cinco veces al año. Además de estas literalidades, el término tiene curiosas implicaciones metafóricas, equivalentes al «andar ligero de equipaje», «prescindir de lo superfluo», dar un cambio que sea al mismo tiempo comprobación y mutación dentro del ciclo del tiempo.

Toda mi vida
como un trozo de hielo
fundido al sol.

*Atsui yo ni
kōri to kiyuru
inochi kana*

—Nakamichi

Se va una hoja,
después se va la otra
flotando al viento.

Hito-ha chiru
totsu hito-ha chiru
kaze no ue

        —Ransetsu

La palabra *totsu*, no traducida en mi versión, es una interjección desafiante que profieren los monjes zen en el momento de la iluminación.

Limpié el espejo
del alma: ahora refleja
toda la luna.

Harai arai
kokoro no tsuki no
kagami kana.

—Renseki

Anoche supe
que este mundo es rocío
y desperté.

Tsuyu no yo to
satoru sono yo o
nezame kana

—Retsuzan

¿Soy sólo yo?
¿O no descansa todo
sobre la escarcha?

Ware nomi ka
omoeba shimo no
hashiradate

—Rochu

Hoja de otoño:
a veces nos revela
su cara oculta.

Ura o mise
omote o misete
chiru momiji

—Ryōkan

Al fin entiendo
dónde va el tercer verso
de luna y flores.

*Tsuki hana no
sanku-me o ima
shiru yo kana*

—Ryuho

Como muchos otros poetas de su generación, Ryuho participó en la composición de *rengas*, o poemas de versos encadenados. Según las normas de este juego poético donde participaban varios autores, cada uno agregaba un verso-poema, que debía formar una unidad con el anterior y el siguiente. Los *renga* están llenos de ingenio y aderezados con numerosos juegos de palabras y dobles sentidos. Reglas complejas establecen en qué eslabón de la cadena deben aparecer determinadas imágenes propias de la estación o el número de veces que pueden usarse palabras como «luna» y «flores». Las normas también disponen que el tercer verso del *renga* –al que se refiere Ryuho en el poema– se aleje un poco de las imágenes empleadas en el primero y el segundo. De ese alejamiento habla justamente este *jisei*: la poesía y la vida enseñan diferentes lecciones, parece decirnos, y sólo esta última nos muestra el verdadero arte del desasimiento.

Mundo flotante
donde he visto la luna
dos años más.

Ukiyo no tsuki
misugoshinikeri
sue ni-nen

—Saikaku

Saikaku fue sobre todo novelista, aunque como compositor de *hokku* ostenta un imbatible récord de velocidad: 23 500 poemas en un día. Según la creencia oriental, el hombre dispone de 50 años de vida. El prolífico Saikaku murió en 1693, a los 52 –de ahí los dos años «de más», que son vistos como una dádiva. *Ukiyo*: el mundo flotante, mundo que flota-y-pasa, mundo fugitivo, etéreo, mundo de polvo, mundo de las apariencias, según el pensamiento budista tradicional.

Mira el color
de los árboles: nada
nunca está quieto.

Shibaraku mo
nokoru mono nashi
kigi no iro

—Seiju

En el momento
de embarcar me descalzo:
luna en el agua.

Funabata ya
kutsu nugisuteru
mizu no tsuki

    —Seira

Esa barca a la que sube el poeta le servirá para cruzar el río Sanzu, que separa el mundo de la vida del de la muerte.

Tras la tormenta,
una luz sobre el loto:
luna perfecta.

Ame harete
hasu ni shinnyo no
tsukiyo kana

—Seishu

Pasado el cierzo,
abre todos tus brotes,
sauce de arroyo.

*Kogarashi ya
ato de me o fuke
kawayanagi*

     —Senryu

Senryu fue el primero en escribir haikus con el estilo ligero, a veces satírico, al que ha dado nombre. Durante décadas, fue el crítico de ese género más importante de Edo. Juzgaba y publicaba su selección en panfletos callejeros de gran aceptación. Se calcula que sometió a ese proceso unos dos millones y medio de poemas a lo largo de toda su vida.

Como ya hicimos notar en el caso de Ichimu, algunos *jisei* incluyen en clave el nombre de su autor. El de Senryu se compone de los caracteres correspondientes a arroyo (*sen*) y sauce (*ryu*). Ambos aparecen en este poema –con su pronunciación japonesa, *kawa* y *yanagi*.

Como el rocío
sobre la hoja de loto,
desaparezco.

*Hasu no ha yo
tsuyu to kieyuku
wagami kana*

—Senryu II

Hermano mayor del poeta anterior, al que sucedió como líder de la escuela *senryu*.

Para mi viaje
al confín de otro mundo,
visto de flores.

*Ima zo kiru
nori no tabiji no
hanagoromo*

    —S<small>ETSUDO</small>

Hanagoromo, vestido de flores, es el elegante y colorido kimono que se lleva en primavera, cuando florecen los cerezos.

Flor de la realidad:
nubes frías que se hunden
en la penumbra.

*Hana ni utsutsu
yūbe ni shizumu
kumo samushi*

      —Shagai

Cruzo este mundo:
de luna y nieve y flores
era mi vida.

*Yo o heshi mo
tsuki yuki hana no
inochi kana*

—S̄haryu

Igual que vino,
el gusano desnudo
parte en verano.

*Sono mama ni
kaeru zo natsu no
hadakamushi*

—Shidoken

Hadakamuchi tiene tres significados: 1) insectos sin alas ni pelo; 2) ser humano; 3) personas pobres, sin ropa.

Rama de sauce
que no llegaba al agua
del jarrón alto.

Nageire no
mizu mo todokazu
yanagi kana

—Shigenobu

Un poema inspirado en el *ikebana*, o arte japonés del arreglo floral. El estilo *nageire* (literalmente, «insertando») dispone flores y ramas apoyadas en el borde de un jarrón alto, para que tengan un aspecto natural. En el poema, una de esas ramas no llega al fondo, ha quedado separada del agua, fuente de vida.

Tras el chubasco
invernal, por la calle
sube un paraguas.

*Sadame nashi
shigure no michi no
mukaigasa*

—Shinseki

Fin del otoño:
silenciosas, las ranas
se han enterrado.

Yuku aki no
tsuchi ni osamaru
kawazu kana

—Shogetsu

Las ranas (*kawazu*), tan abundantes en la poesía japonesa, son criaturas poéticas de la primavera o el verano. Aquí, sin embargo, estamos a finales de otoño, cuando se hunden en el barro para invernar. *Osamaru* significa «quedarse en silencio» pero también «instalarse, establecerse» (Hoffmann).

También el monte
se despoja hoy de nubes:
cambio de ropa.

*Hie mo kyō
kumo naki sora ya
koromogae*

—Shogo

Koromogae: véase nota correspondiente a Michikaze. El monte mencionado en el poema es el Hiei (abreviado en el original), que se encuentra al norte de Kioto, la ciudad donde murió Shogo.

Árbol sin hojas:
en las ramas más bajas
restos de otoño.

*Shita-eda ni
aki o nokoshite
ochiba kana.*

—Shozan

En otoño, las hojas de los árboles van cayendo desde la copa hasta las ramas más bajas. Al final de la estación, aún quedan algunas en las ramas inferiores. El segundo verso del original dice, literalmente, «se quedan con un poco de otoño».

Sobre la valla
se estira una ipomea
insatisfecha.

*Asagao no
matamata taranu
kakine kana*

—Shukyo

Asagao: nuestra ipomea, campanilla o campánula, que en España llaman dondiego, es una enredadera florida y persistente, presente en toda la poesía japonesa; como el hombre –recuerda Hoffmann–, nunca está contenta con su suerte y puja hacia lo alto, incluso allí donde nada la sostiene.

Al despertarme
hallo el lirio silvestre
que he visto en sueños.

*Mishi yume no
sametemo iro no
kakitsubata*

—SHUSHIKI

Este poema, de una de las más conocidas poetisas de haiku, refleja la doctrina del budismo Mahāyāna sobre la iluminación como el despertar del mundo fenomenológico, y nos recuerda el célebre relato de Borges titulado «La rosa de Coleridge». El lirio silvestre, *kakitsubata*, crece junto a lagos y pantanos, y florece en mayo y junio.

Escarcha al sol:
lo que dejo es el agua
de los pinceles.

Fude sosogu
mizu mo nagori ya
natsu no shimo

—Shutei

Mi «escarcha al sol» traduce lo que literalmente sería «escarcha en un día de verano» y simboliza lo efímero de la existencia humana. Shutei fue también pintor y actor.

Luna de otoño:
viene mi propia sombra,
me arrastra y vuelve.

Ware o tsurete
waga kage kaeru
tsukimi kana

    —Sodo

Como la pulpa
de una pera en su punto,
me he consumido.

*Nashi no mi no
marumau to shite
hatenikeri*

—Soko

Ya apareciste,
luna: fresco melón
sobre los campos.

Kyō wa nao
makuwa to suzushi
hata no tsuki

—Tanko

Con mi bastón,
de mañana, en la escarcha
dibujo el Fuji.

Asashimo ya
tsue de egakishi
Fuji-no-yama

    —Tantan

Quiero mi cuerpo
sobre un campo de flores,
vuelto rocío.

Hana no negai
hanano no tsuyu to
naru mi kana

    —Tembo

Es como abrirme
paso en la espesa nieve:
senda del Arte.

Tsui ni yuku
yuki fumiwakete
fude no michi

—W<small>AKYU</small>

Fude no michi sería literalmente «el camino del pincel». El poeta, que murió en invierno, lo equipara a la propia vida: una caminata trabajosa entre la mucha nieve caída (*yuki fumiwakete*).

Nubes de flores
que caen sin saber dónde:
ni Este ni Oeste.

*Higashi e mo
nishi e mo yukagi
hana no kumo*

—Yaohiko

Hana no kumo, «nubes de flores», es una metáfora habitual de la poesía japonesa. *Kigo* primaveral, tal vez su ejemplo más célebre sea el poema de Basho, donde el poeta contempla unos cerezos floridos mientras oye las campanas de un templo no precisado: «Nubes de flores… / Campanadas de un templo: / ¿Ueno? ¿Asakusa?». El poeta ansía morir como las flores, cuyos pétalos el viento esparce en todas direcciones, en vez de hacerlo como el hombre, que según las creencias japonesas se debía dirigir hacia el Oeste, la dirección del paraíso budista.

De lo efímero

Las flores mustias
perdieron sus colores;
paso mis días
en vano, contemplando
la lluvia interminable.

Haru no iro wa
utsuri ni keri na
itazura ni
waga mi yo ni furu
nagame seshi ma ni

   —Ono no Komachi

Uno de los más famosos y comentados poemas de amor de toda la tradición japonesa. Los japonistas explican que en la cultura codificada del *waka* cada una de las palabras clave de este poema tiene un doble significado: el «color de las flores» es la belleza de la mujer; *furu*, el «caer de la lluvia», significa también envejecer; *nagame*, «largas lluvias», es también «quedarse absorto mirando hacia fuera». La tercera línea incluye un pivote, puede leerse como remate de las primeras dos o como introducción de las dos últimas: las flores se han estropeado *en vano*, y *en vano* he pasado por este mundo. El término *itazura*, que en el periodo Heian se refería a lo «infructuoso», «sin meta» o «vano», más tarde llegó a tener el significado adicional de «obsceno», «lascivo» o «inmoral».

Esos regalos
que me dejaste fueron
mis enemigos:
sin ellos pudo haber
un momento de olvido.

Katami koso
ima wa ada nare
kore naku wa
wasururu toki mo
aramasi mono wo

—Ono no Komachi

La poeta norteamericana Jane Hirshfield tradujo (a cuatro manos con Mariko Aratani) una amplia selección de poemas de Ono no Komachi e Izumi Shikibu, posiblemente las poetas japonesas más sobresalientes del periodo Heian, además de cortesanas célebres por sus amoríos. El libro se llama *The Ink Dark Moon*, y es de consulta obligada para quien se interese por estos asuntos.

El regalo o *keepsake* es un tópico del *waka*. La idea de un objeto inseparable de un momento (en español le decimos también «recuerdo»), que sirve para evocar al amante ausente, se repite una y otra vez en toda la poesía cortesana y en las novelas de la época.

Desesperada,
cuando lo extraño mucho,
entro en la noche
negra como esta bata
que me he puesto al revés.

Ito semete
koishiki toki wa
mubatama no
yoru no koromo o
kaeshite zo kiru

    —Ono no Komachi

Para entender este poema ayuda saber que en la época en que fue escrito se creía que si una mujer doblaba las mangas de su bata o kimono, soñaría con su amado. Es tanto el deseo de ver a su amante, aun en sueños, que la protagonista decide no doblar sólo la manga, sino ponerse toda la bata al revés. Los comentaristas aclaran que *mubatama no*, las moras o bayas negras, es, además de un epíteto o *makurakotoba*, «palabra almohada», una *kakekotoba* o «palabra pivote», en las que esta poetisa era una experta: funciona como adjetivo tanto para la noche como para describir la oscuridad del kimono (*yoru no koromo*, bata de noche). Mi versión, constreñida al molde silábico del tanka, pasa por alto las precisiones cromáticas del «manto de la noche».

Aunque en mis sueños
siempre lo visitaba
esos encuentros
valen menos que verlo
sólo una vez, despierta.

Yumeji ni wa
ashi mo yasumezu
kayoedomo
utsutsu ni hitome
mishigoto wa arazu

—Ono no Komachi

Siempre he sabido
que al fin encontraría
este camino.
Pero ayer ignoraba
que hoy lo recorrería.

Tsui ni yuku
michi to wa kanete
kikishi kado
kinō kyō to wa
omowazarishi wo

—Ariwara Narihira

———————

Otras versiones:

Siempre lo supe:
que era éste el camino
que me aguardaba.
Pero no supe nunca
que hoy lo recorrería.

Lo supe siempre:
desierto, me esperaba
este camino.
Pero no sospechaba
que hoy lo recorrería.

¿Tú, que viniste?
¿O yo, en cambio, que fui?
Ya no recuerdo...
¿Fue dormida? ¿Despierta?
¿La realidad o un sueño?

Kimi ya koshi
ware ya yukikemu
omoezu
yume ka utsutsu ka
nete ka samete ka

—De *Ise monogatari*

No vale nada
aquel dolor pasado,
antes de verte,
comparado al dolor
que dejó nuestro encuentro.

Ai mite no
nochi no kokoro ni
kurabureba
mukashi wa mono o
omowazari keri

—Atsutada

Las traducciones que hizo Kenneth Rexroth de poesía japonesa, aunque dan una idea general del talento poético de algunos autores o muestran las virtudes de ciertos poemas, a veces ignoran los matices; donde está el trazo delicado de un pincel, en ocasiones él resuelve con la brocha. Su versión de este poema de Fujiwara no Atsutada («*I think of the days / Before I met her / When I seemed to have / No troubles at all*») es buen ejemplo de lo anterior. Por varios comentaristas, y consultas con par de amigos japoneses, he llegado a entender que este poema dice, puesto en prosa, más o menos lo siguiente:
«Antes de ir a verla y pasar un tiempo con ella, pensaba en ella a menudo, y en cómo me sentiría queriendo estar a su lado. Pero después de haber estado con ella, me doy cuenta de que lo que sentía antes es nada, comparado con lo que siento ahora. Me angustio por ella, no puedo sacarla de mi mente. Me pregunto qué pensará de mí, y qué sentirá realmente. Si hubiera sabido todo esto, tal vez habría sido mejor no haberla visto. Tenía

¿Por qué sufrir
por alguien que antes fue
del todo ajeno,
hasta cierto momento
que también ha pasado?

Utoku naru
hito wo nanitote
uramuramu
shirarezu shiranu
ori mo arishini

—S<small>AIGYŌ</small>

---

una vida mucho más simple entonces. Ahora me hago daño, pensando en ella constantemente. ¡Cuánto la amo!».
Estos dilemas sentimentales, que son la clave de muchos pasajes novelísticos de Proust, por poner un ejemplo canónico occidental, aparecen resumidos por Atsutada en apenas 31 sílabas.

Otra versión:

Parece nada
todo lo que he sufrido
para encontrarte,
comparado a mi angustia
tras haberte encontrado.

Por el camino,
a la sombra del sauce,
vi un manantial:
quise hacer una pausa,
y aquí estoy todavía.

Michi no be ni
shimizu nagaruru
yanagi kage
shibashi to te koso
tachidomaritsure

—Saigyō

Incluso aquel
ya libre de pasiones
siente tristeza:
crepúsculo de otoño,
sobre el páramo, un ave.

Kokoro naki
mi ni mo aware wa
shirarekeri
shigi tatsu sawa no
aki no yūgure

—Saigyō

Para morir,
mejor en primavera
mientras contemplo
los cerezos en flor
bajo la luna llena.

Negawaku wa
hana no shita nite
haru shimanu
sono kisaragi no
mochizuki no koro

—Saigyō

Otro año pasa
casi sin primavera
que me conforte.
Pero me he acostumbrado
a contemplar el alba.

Toshi furedo
kokoro no haru wa
yoso nagara
nagame narenuru
akebono no sora

—Fujiwara no Teika

El más sutil y refinado de los poetas de la era Heian es también uno de los menos conocidos y el que peor acepta traducciones: Fujiwara no Teika (1162-1241) –o Fujiwara no Sadaie, otra posible lectura fonética de su nombre–, fue maestro del tanka, calígrafo, *arbiter* poético de su época, erudito, intrigante, crítico y antólogo (se le deben varias de las mejores y más famosas compilaciones de poesía clásica japonesa), y sus descendientes e ideas estéticas dominaron la tradición poética nipona durante siglos. Sin embargo, las pocas versiones existentes en español (con excepción de una de Octavio Paz y otras, más recientes e inmejorables, de Aurelio Asiain) son textos deslavazados, cuya complejidad sentimental y formal queda atrapada muchas veces en el sentimentalismo o la cursilería. Un lector común occidental no está familiarizado con los códigos poéticos de la época –y los del *waka* son mucho más complejos y menos flexibles que los del haiku– pero aún así, bajo el aire cortesano y la tosca indumentaria de

Sus negras trenzas
que tanto acaricié...
Cada mechón
se despierta primero
que yo, si duermo solo.

Kakiyarishi
sono kurokami no
suji goto ni
uchifusu hodo wa
omokage zo tatsu

—Fujiwara no Teika

---

las versiones por idioma interpuesto, se consigue percibir al menos el eco de un talento fuera de lo común.

He ensayado torpemente estas versiones de Teika a partir de las traducciones literales y comentarios de Donald Keene, Kenneth Rexroth y Earl Miner. Ojo: Teika es un poeta travesti; lo mismo adopta la voz de una trémula cortesana enamorada que la del amante tierno o despechado, o nos habla desde el estoicismo y el rigor de una vejez sabia.

Piensa, no puedes
ver cambiar los colores
allá en el Cielo:
el otoño se nota
en la luz de la luna.

Ama no hara
omoeba kawaru
iro mo nashi
aki koso tsuki no
hikari narikere

—Fujiwara no Teika

Desde hace mucho
oí que enamorarse
era partir.
Y aún así me entregué,
sin pensar en el alba.

Hajime yori
au wa wakare to
kikinagara
akatsuki shirade
hito o koikeri

—Fujiwara no Teika

¡Nuestras plegarias
eran tan poderosas!
Ya entre nosotros
las cosas han cambiado:
ni esperanza, ni mundo.

Shika bakari
chigirishi naka mo
kawarikeru
kono yo ni hito o
tanomikeru kana

—Fujiwara no Teika

Yazgo y espero
un tono de la luna
entre los juncos:
el viento del otoño
sopla sobre mi cama.

Shitaogi mo
okifushimachi no
tsuki no iro ni
mi o fukishioru
toko no akikaze

—Fujiwara no Teika

Noche de primavera.
Roto el puente del sueño
he despertado:
una banda de nubes
se arrastra entre las cumbres.

Haru no yo no
yume no ukihashi
todae shite
mine ni wakaruru
yokogumo no sora

—Fujiwara no Teika

Miro a lo lejos:
no hay cerezos en flor
ni hojas rojizas;
la cabaña en la playa,
crepúsculo de otoño.

Miwataseba
hana mo momiji mo
nakarikeri
ura no tomaya no
aki no yūgure

—Fujiwara no Teika

¿Que me olvidaste,
dices? Pues yo también
olvidaré que al irte
traté de convencerme
que no era sino un sueño.

Wasurenu ya
sa wa wasurekeri
waga kokoro
yume ni nase tozo
iite wakareshi

—Fujiwara no Teika

El vasto cielo
que empañan los ciruelos
con su fragancia.
Luna de primavera,
casi limpia de nubes.

Oozora wa
ume no nioi ni
kasumitsutsu
kumori mo hatenu
haru no yo no tsuki

—Fujiwara no Teika

El alma,
        ¿cómo llamarla?
Sonido de la brisa
que sopla entre los pinos
de un paisaje de tinta.

Kokoro towa
ikanaru mono wo
iu yaran
sumie ni kakishi
matsukaze no oto

—Ikkyū

«Alma» aquí pretende traducir *kokoro*, un término polisémico que incluye los significados de corazón, mente, alma, espíritu, pensamiento, la sede de los sentimientos… En su ensayo «La tradición del haikú», Octavio Paz trata de delimitar este campo del *sentir* japonés, de «algo que está entre el pensamiento y la sensación, el sentimiento y la idea, y cita a Tablada: «*Kokoro* es más, es el corazón y la mente, la sensación y el pensamiento y las mismas entrañas, como si a los japoneses no les bastase sentir sólo con el corazón» (*Hiroshigé*, México, 1914).
El novelista Yasunari Kawabata alude a este poema en su ensayo «El Japón, su belleza y yo», que leyó al recibir el premio Nobel, en 1968, y abunda sobre Ikkyū: «procuró, al comer pescado, tomar alcohol y frecuentar mujeres, ir más allá de las reglas y prohibiciones del zen de su tiempo, buscando liberarse de ellas. Así, al rebelarse contra las formas religiosas establecidas, en una época de guerra civil y derrumbe moral, buscó perseverar en esa doctrina, como renacimiento y afirmación de la esencia de la vida y de la existencia humanas».

Cuervo sin pico
que grazna en la profunda
sombra nocturna:
nostalgia de mi padre
antes de que él naciera.

—Ikkyū

En 1420, cuanto tenía 27 años, mientras meditaba en un bote en el lago Biwa, el monje zen Ikkyu Sōjun oyó el graznido de un cuervo y fue iluminado. De esa experiencia sale este poema, que he traducido a partir de la versión en inglés de Sōiku Shigematsu (en *A Zen Harvest*) pero consultando también la de John Stevens.
Mis otras versiones de Ikkyu (he evitado repetir las que compiló y tradujo Aurelio Asiain en http://issuu.com/aurelio.asiain/docs/ikkyu) están hechas a partir de traducciones al inglés de Stephen Berg.

De un mundo de pasiones
a otro sin arrebatos,
hay una pausa:
si va a llover que llueva,
y si hay viento, que sople.

Uroji yori
muroji e kaeru
hito yasumi
ame furaba fure
kaze fukaba fuke

—Ikkyū

Se dice que este poema fue la respuesta del joven Ikkyu a la pregunta de su maestro Kasō: «¿De dónde viene el hombre y adónde va?».
Uroji es el mundo de los vicios, de las pasiones de la carne, si se quiere. *Mujori* es el mundo de la comprensión, o iluminación (*satori*), que traduzco aquí (tal vez de manera demasiado occidental) como «sin arrebatos». La «pausa» mencionada entre esos dos mundos (*hito yasumi*) se escribe 一休み, igual que el nombre del autor 一休-Ikkyu, quizás para mostrar, incluso gráficamente, la disyuntiva humana en que éste se encuentra.

Como yo, está gastada
y pálida la tierra;
envejecido el mundo,
atormentado el cielo,
todo reseco el pasto.
La primavera tarda,
no se anuncia su brisa,
sólo nubes de invierno
tragándose mi choza.

Mokuzen no Kyokai wa
wa ga yasetaru ni nite
chi wa oi ten wa are
momokusa karetari
san gatsu harukaze syun-i wo bosshi
kan-un fukaku tozasu ichi bauro

—Ikkyū

Nieve del Fuji
convertida en la tinta
con la que firmo
el rollo de mi vida:
atentamente suyo.

Fuji no yuki
tokete suzuri no
sumigoromo
kashiku wa fude no
owari narikeri

—Kashiku

Los dejaría
convertirme la barba
en una escoba
si ayudara a barrer
este mundo de polvo.

Waga tame no
hōki no hige wa
yurusekashi
kari no ukiyo wo
sude hatsuru made

—Hokka

Samurái excéntrico y libertino, retirado a la edad de 38 años y reciclado como escritor y cómico ambulante (hoy lo llamaríamos *performer*), Yamazaki Hokka (1700-1746) fue una figura famosa en el Edo del siglo XVIII. Bajo el pseudónimo *Jidaraku sensei* (el Maestro Depravado), escribió varias obras autobiográficas notables. En su diario de viaje *Cho no asobi*, Hokka cuenta cómo hacía perfumar su ropa, se dejaba crecer una larga barba por puro gusto, llevaba el pelo recogido en un moño y teñía sus dientes, lo cual no era algo muy común en su época. Los comentaristas dicen que trataba de asumir la apariencia de un literato chino. Además, Hokka decía ser el heredero literario de Basho, cuyos viajes por el interior de Japón se dedicó a emular. En uno de esos recorridos, una noche fue asaltado por unos bandidos, quienes después de despojarlo de todos sus bienes y ropas, quisieron arrancarle la barba. «¿Qué harán con mi barba?», preguntó Hokka. «Una escoba», respondieron los bandidos. Entonces el Maestro Depravado improvisó este tanka, que gustó tanto a sus asaltantes que lo dejaron marcharse con su barba intacta (la historia la cuenta Donald Keene en *Traveler of a Hundred Ages*).

Siega de maestros

Lirios,
piensen que está de viaje
el que los mira.

Miru hito no
tabi o shi omoe
kakitsubata

—Sōgi

Lluvia de anoche
cubierta esta mañana
por la hojarasca.

Yo no ame o
kesa furi-kakusu
konoha kana

—Sōgi

Las garzas, mudas,
dibujan en el cielo
líneas de nieve.

Koe nakaba
sagi koso yuki no
hitotsurane

—Sōkan

Otra versión:

Las garzas, mudas,
atravesando el cielo:
rastro de nieve.

Por si lloviera,
luna de medianoche,
trae tu sombrilla.

Kasa wo kireha
ame nimo ideyo
yoha no tsuki

—Sōkan

Incluso mientras
mi padre se moría
me pedorreaba.

Wa ga oya no
shinuru toki ni mo
he wo kokite

    —Sōkan

¿La flor caída
que regresa a su rama?
No: mariposa.

Rak-ka e ni
kaeru to mireba
kochō kana

    —Moritake

Luna tan fresca:
sólida soledad
de medianoche.

*Suzushisa no
katamari nare ya
yowa no tsuki*

—Teishitsu

Visto ya todo,
al crisantemo blanco
vuelvo mis ojos.

Mitsukushita
me wa shiragiku ni
modori keri

—Isshō

Arce en otoño:
la mano ensangrentada
de la partera.

Toriyagebaba ga
migi no te nari no
momiji kana

—Samboku

El color del arce japonés (*Acer palmatum*) suscitó este haiku, el único que ha perdurado de Samboku (o Sanboku). En 1672, Basho lo premió en un concurso de poesía en Edo por ser un «concepto único», a pesar de que su forma silábica original (7-7-5) no coincidía con la más tradicional. Está incluido en la antología de Basho titulada *Kai Ōi* (*Juego de conchas*), donde el autor alude a un juego de comparar y emparejar conchas bivalvas, aplicando ese método a pares de poemas de diferentes autores. Este de Samboku es comparado a un haiku de Dasoku sobre el mismo tópico de las ojos coloridas del otoño («No he enrojecido. / ¡Ven y mira!» dice el rocío / en la rama del roble) antes de confirmar su primacía, por lo inusitado de la imagen.
Nada más se sabe de Samboku ni de su obra.

Copos de nieve
que contemplamos juntos,
¿crees que regresen?

Futari mishi
yuki wa kotoshi mo
furikeru ka

—Basho

Para mi gusto, uno de los mejores poemas de Basho: declaración de una nostalgia tan sutil como los copos aludidos. Va precedido por una nota en la que confiesa echar de menos a su amigo y discípulo Etsujin, que se ha marchado a la ciudad.

Luna brumosa:
¿avergonzada, acaso,
frente a las flores?

Hana no kao ni
hareute shite ya
oborozuki

—Basho

Flores de espuma,
huérfanas de estación:
nieve en las olas.

Nami no hana to
yuki mo ya mizu no
kaeribana

— BASHO

El primer verso –explica Makoto Ueda– es en japonés una frase hecha con que se alude a la cresta de espuma en las olas. *Kaeribana* significa «flores sin estación» o «flores fuera de estación», pero *kaeri* es regresar, así que se trata de flores que vuelven, como las olas o las mareas. Varios comentaristas describen la escenografía posible del poema: para los más literales, Basho contempla la costa, de noche, cuando de pronto empieza a nevar: esa es la nieve que «vuelve» a las olas, de las que habría brotado como espuma: blancura fugaz que aparece y desaparece. Para otros, no se trata necesariamente de una escena nocturna y con nieve; basta que el cielo invernal esté cubierto y podamos ver los bordes blancos de las olas, que van y vienen.

En Año Nuevo,
Edo y Kioto: platillos
de una balanza.

Tenbin ya
Kyō Edo kakete
chiyo no haru

   —Basho

Hacia 1676, fecha en que se compuso este poema, Basho domina los recursos básicos del haiku. Ha estado en Edo, ha conocido a los maestros de las diversas escuelas, ha publicado y ha tomado discípulos. Bajo la guía de Nishiyama Sōin, entra en contacto con la estética de la escuela Danrin, que por oposición al estilo cortesano de la escuela Teimon defendía un tipo de poesía más «plebeya», que usara de forma más libre los temas mundanos y ostentara cierto humor disparatado, visible sobre todo en las comparaciones. Uno de esos símiles sorprendentes es esta metáfora geográfica, donde se alude a la equilibrada y perenne prosperidad (*chiyo* se escribe «mil generaciones»: 千代) de las dos ciudades que, además de su condición de capitales, eran también los dos grandes centros comerciales de la época. *Chiyo no haru* es un *kigo* del año nuevo.

Mira esa luna:
como anillo de un tronco
recién cortado.

Ki wo kirite
motokuchi miru ya
kyō no tsuki

—Basho

Sueños efímeros,
los pulpos en las ánforas.
Luna de estío.

*Takotsubo ya
hakanaki yume o
natsu no tsuki*

   —Basho
___

Una metáfora inusitada que, sin embargo, se inspira en una escena real, vista en la ciudad costera de Akashi. Las ánforas del poema son vasijas de barro que los pescadores de la zona usan para atrapar a los pulpos, aprovechando la costumbre de éstos de meterse en agujeros oscuros cuando se asustan. Los pulpos son más bien nocturnos, y durante el día prefieren algún lugar oscuro y cerrado para esconderse, así que los pescadores atan las ánforas con una cuerda, las hunden en el mar y luego las sacan cuando los animales han entrado en ellas. Podemos imaginar la luna de verano iluminando el mar nocturno, y hasta entender el *pathos* de fugacidad que desprende el poema. Pero no siendo japoneses nos costará más sentir aquello que un célebre crítico, Makoto Ooka, le atribuye a estos versos: el *okashi*, «una especie de irreverencia o actitud humorística hacia el absurdo de la vida que se encuentra a menudo en el haiku». Aurelio Asiain lo tradujo como «Trampa de pulpo / para ese sueño efímero: / luna de estío».
Entre los comentarios a este poema citados por Makoto Ueda en *Basho and His Interpreters*, destacan estos:
—La brevedad de la noche de verano se compara aquí a la vida de los pulpos atrapados en las ánforas (Shogatsudo).
—El pulpo que ha entrado en el cántaro está contento con su pequeño mundo y disfruta el sueño de esa noche sin sospechar que lo sacarán por la mañana. De forma semejante, el hombre que nace en este mundo, vive su vida, breve como el rocío. Esa visión de la vida es la que se presenta en

Hay luna llena:
hasta mi puerta llega
su marejada.

Meigetsu ya
mon ni sashikuru
shiogashira

—Basho

---

este poema. Por el lugar [Akashi], también puede haber alusiones históricas (Koseki).
–¿Acaso no es posible imaginar que Basho haya entrado completamente en la mente de un pulpo dentro del ánfora? Se convirtió en pulpo, por así decirlo (Watsuji).
–Un pulpo duerme en un cántaro, sin saber que su vida terminará a la mañana siguiente. Sobre él, brilla la luna del verano, también de corta duración. Me inclino a pensar que este poema resume la idea de Basho sobre la mutabilidad (Mizuho).
–En la tradición poética japonesa, los que se quejan de la brevedad de las noches de verano son, sobre todo, los amantes que deben partir por la mañana. Basho parte de este tradicional estado de ánimo romántico y lo aplica a la vida de un pulpo soñando su corto sueño en un cántaro (Yamamoto).

La primavera
que nadie nota: flores
tras el espejo.

Hito mo minu
haru ya kagami no
ura no ume

—Basho

Los antiguos espejos japoneses solían tener un diseño floral grabado al dorso. En este caso, unas flores de ciruelo. Un poema sobre la belleza de lo oculto, y cómo lo noble y lo bello no están siempre al alcance de la primera mirada.

Amor de gatos:
al terminar, la luna
turbia en mi cuarto.

*Neko no koi
yamu toki neya no
oborozuki*

—Basho

Un poema erótico, a la manera peculiar del haiku: contraste entre el ruidoso espectáculo felino y la luz calma de la luna. En la mitad de la segunda frase del poema original hay una cesura, cuyo efecto he intentado remedar con una coma después de «terminan»: indica el final abrupto de la primera escena y deja paso a la calma contemplativa de la segunda. *Neko no koi* (amor de gatos) es un *kigo* primaveral.

Ya es primavera…
año nuevo: arroz viejo
para tres días.

Haru tatsu ya
shinnen furuki
kome goshō

—Basho

La última frase del original refiere literalmente a una antigua unidad de medida: cinco *shō*. Ese era el tamaño de una calabaza hueca que Basho tenía en su cabaña, donde los discípulos solían echar arroz cuando veían que quedaba poco. La frase «cinco *shō*» (unos 9 kilos), opinan los comentaristas, no debe tomarse en forma literal: significa algo así como «la cantidad apropiada para la ocasión». Basho trata de decir que tiene alimento suficiente para pasar recluido en su cabaña los días de la celebración, y que esa cantidad basta para hacerlo feliz. Una oda a la austeridad.

Fin del otoño:
tan confiadas y verdes,
las mandarinas.

*Yuku aki no
nao tanomoshi ya
aomikan*

—Basho

Un ciervo brama:
su lamento resuena
toda la noche.

*Bii to naku
shirigoe kanashi
yoru no shika*

    —Basho

Este poema se cita a veces como ejemplo de haiku subjetivo, y de cómo este género también es capaz de mostrar las emociones explícitas del poeta, aunque pasadas por el tamiz de la tradición. El bramido del ciervo se asocia en toda la poesía japonesa a las penas de amor y al dolor de ansias insatisfechas. «Cuando se oye / la voz del ciervo en brama / el otoño es más triste», reza el único poema que se conserva de Sarumaru Dayu (en traducción de Aurelio Asiain).

Claro de luna:
mi muchacho tenía
miedo del zorro.

*Tsuki sumu ya
kitsune kowagaru
chigo no tomo*

—Basho

Poco conocido, y excluido, hasta donde sé, del florilegio de antologías de Basho y del haiku en español, este curioso poema, de temática abiertamente homosexual, fue escrito por Basho en los últimos meses de su vida, durante el invierno de 1694, en una de esas fiestas literarias que solía frecuentar –mezcla de taller literario, juegos florales y *kermesse* entre condiscípulos. Sabemos, incluso, el nombre del anfitrión, un tal Keishi, que en la competición poética sobre temas románticos, que adoptaba la forma de una secuencia de versos encadenados (*kasen*), propuso como pie forzado el tema «Acompañando a un muchacho adorable a la luz de la luna».
En la poesía japonesa, el tema amoroso abarca un variado conjunto de tópicos y subtópicos, incluyendo, por supuesto, las relaciones homosexuales, que, como en la Grecia socrática, fueron prevalecientes en tiempos de Basho. Recordando su juventud, el propio poeta escribió alguna vez: «Hubo una época en que estuve fascinado por las maneras del amor homosexual». Por entonces, la vida romántica urbana estaba más cerca de los teatros, la prostitución y las cantinas que del matrimonio, y, a juzgar por las descripciones de los estudiosos, no había ningún estigma asociado a la posibilidad de escoger entre *wakashudō* (amor homosexual) y el *nyodō* (el amor a las mujeres). Según sus biógrafos, Basho tuvo experiencias carnales en ambos terrenos.
En el poema, un amante, presumiblemente mayor, escolta a su muchacho o «joven amante» (*chigo*) por un camino rural luego de una noche de juerga

Se ve capaz
de cuidar de sí misma
esa sandía.

*Mi hitotsu o
moteatsukaeru
suika kana*

   —Ransetsu

---

y amoríos. Hay luna llena, y el joven debe volver a casa pero tiene miedo de hacerlo solo. Así que el retrato sensual se prolonga en el camino, bajo la luz lunar, y el poema acaba convertido en una especie de microrrelato, con atmósfera de «cuento de hadas».
Para un comentarista de los varios que menciona Ueda en su indispensable estudio sobre Basho, «el poema describe menos la pálida faz del muchacho bajo la luz de la luna [tal vez uno de esos delicados actores de kabuki que seducían a numerosos samurái, según se cuenta en un clásico de la época: *El gran espejo del amor entre hombres* (*Nanshoku Okagami*), de Ihara Saikaku] que el viento nocturno que cala los huesos». Para otros, en la escena está incluso implícito, a lo lejos, el aullido del zorro. Por cierto, este zorro (*kitsune*) es un animal que tiene, en el folklore japonés, poderes sobrenaturales y metamórficos, más cercanos al lobo de nuestra tradición occidental. Si quisiéramos forzar la traducción, e incluir el ligero toque de humor y los sutiles sobreentendidos del original (es posible que el zorro que teme el muchacho sea, precisamente, su acompañante o guardián travestido), una versión más libre del poema podría quedar:

Claro de luna:
acompañé a un muchacho
con miedo al lobo.

En el ciruelo
cada flor trae consigo
mayor tibieza.

Ume ichi-rin
ichirin hodo no
atatakasa

—Ransetsu

Un famoso haiku incluido en *Genpōshū*, la antología póstuma de Ransetsu. La aparente disparidad de las versiones se justifica en dos interpretaciones diversas. La primera es la tradicional; la segunda es de Makoto Ooka, que hace notar que el título, *kanbai*, alude a un ciruelo invernal, y que por lo tanto, el poema habla de una sola flor que sirve de heraldo a la nueva estación. Otra versión, entonces:

En el ciruelo
sólo una flor pregona
la primavera.

Los crisantemos,
amarillos o blancos…
¡sobran los nombres!

Kigiku shiragiku
sono hoka no nawa
nakumo gana

   —Ransetsu

Garzas azules
chillidos en el cielo;
la luna calla.

Aosagi no
shitto nakitsutsu
kyō no tsuki

—Ransetsu

Cuidan cerezos
las dos cabezas canas:
qué grata charla.

Hanamori ya
shiroki kashira o
tsukiawase

—Kyorai

Ave de paso:
mi hogar vuelto posada
por una noche.

Furusato mo
ima wa karine ya
wataridori

   —Kyorai

Canto del cuco
y alondra en pleno vuelo:
cruz en el aire.

*Hototogisu
naku ya hibari to
jumonji*

—Kyorai

Ese sudario
aireándose en verano
sobre una cuerda.

Hito-sawo wa
shini-shozoku ya
doyo-boshi

—Kyoroku

Barro las hojas,
hasta que al fin las dejo
seguir su danza.

*Hakikeru ga
tsui ni wa hakazu
ochiba kana*

—Taigi

Otra versión:

Iba a barrerlas
y acabé por no hacerlo:
las hojas secas.

Siesta de día;
de pronto el abanico
ya no se mueve.

Hirune shite
te no ugoki-yamu
uchiwa kana

    —Taigi

No hablaba nadie:
ni el anfitrión, ni el huésped,
ni el crisantemo.

Mono iwazu
kyaku to teishu to
shiragiku to

    —Ryōta

Luna atrevida:
se zambulle en el agua
y sale a flote.

Mizu no tsuki
mondori utte
nagarekeri

—Ryōta

En primavera;
la llama que transita
de vela en vela.

Shoku no hi wo
shoku ni utsusu ya
haru no yu

   —Buson

Dice Robert Hass: «La noche es tan templada que las personas (o persona) del poema no se van a la cama cuando la vela se ha consumido, como dictarían el buen sentido y la economía. Otra vela ocupa el lugar de la primera, y el resplandor de la nueva mecha es la metáfora para la primavera».
Y R. H. Blyth: «Hay algo que pasa de aquí a allá, un resplandor, una estabilidad en el cálido crepúsculo, algo que sentimos como la vida misma, temblorosa e intangible, y sin embargo, fuerte y evidente para todos los sentidos».
El sentido de *shoku*, la vela, el pabilo, es cercano (aunque con otra grafía) a «luz» y a «fuego». No cuesta demasiado interpretar el poema de forma simbólica (a la manera de Robert Aitken) como una alusión al renacer, a la propagación de la especie, a la idea de «pasar la luz» aún cuando ésta se apague en nosotros. Pasar el fuego, como hace una vela con otra vela. La primavera como escenario de renacimiento o de nuevo comienzo.
Otra versión:

Noche de primavera:
encender una vela
con otra vela.

El caracol
con un cuerno más corto...
¿qué está pensando?

Katatsuburi
nani omou tsuno no
naga mijika

—Buson

Símbolo de la luna, del movimiento perpetuo y la regeneración periódica, el caracol (*katatsuburi* en japonés antiguo; *katatsumuri* en el modernizado) tiene una presencia importante en el bestiario de la poesía japonesa. El más célebre es, por supuesto, aquel caracolito de Issa que «lento, lento» puede subir al Fuji, pero éste de Buson tiene, a mi juicio, mayor misterio. Sus cuernos retráctiles son los que le sirvieron a Marianne Moore, siglos después, para su oda magnífica, *To a Snail*, cuyo comienzo, toda una lección de retórica, parece responder la pregunta de Buson: «*If "compression is the first grace of style" / you have it*».

La mariposa
dormida en la campana
del viejo templo.

*Tsurigane ni
tomarite nemuru
kotefu kana*

—Buson

Uno de los poemas más conocidos de Buson, y más utilizados para explicar la estética del haiku; asociación, yuxtaposición, revelación, etc. Jugó también un papel fundamental en el Imagismo de principios del siglo XX, gracias, entre otros, a Amy Lowell, que lo tradujo al inglés como: «*On a temple bell, / alighted, sleeping, / a little butterfly*». La versión de Robert Hass, más condensada: «*Butterfly / sleeping / on the temple bell*».

Deleita el ojo:
abanico de amante,
todo blancura.

Meniureshi
koigimino ougi
mashironaru

    —Buson

No le preguntes
por el largo de mangas
a un exiliado.

Yukitake o
kikade runin no
awase kana

   —Buson

Uno lee con la música de fondo de otras lecturas dándole vueltas en la cabeza, pero también con su vida, ese tejido de experiencias que se traducen a sí mismas en otras vivencias y percepciones. Así me pasó con este haiku de Buson.
Yukitake, me entero en la nota al pie de una versión al inglés, es el largo de mangas del kimono ligero o *yukata* –que se mide del cuello a la muñeca. El poema, que Buson escribió en referencia a los desterrados a la isla de Sado, sólo se entiende del todo si sabemos que éstos llevaban una talla única de kimono.
No encontraba yo mejor adjetivo para este poema que «martiano». Tenía algo de José Martí. Le estuve dando vueltas hasta que entendí. Es «martiana» esa imagen del exiliado llevando un abrigo que siempre le queda un poco grande; es «martiana» la dignidad contra ese reproche de la apariencia del exiliado («Dicen, buen Pedro, que de mí murmuras...») y es «martiana», claro, la traducción que me hice a mí mismo de estas asociaciones:

No hay que burlarse
de la talla de abrigo
del desterrado.

Leyendo a Buson, en realidad leía yo a Martí (que menciona, por cierto, al poeta japonés en una de sus crónicas).

Mar, primavera:
olas que van y vienen,
que van y vienen.

Haru no umi
hinemosu notari
notari kana

    —Buson

Aunque marchita,
conserva su esplendor
la peonía.

*Chiritenochi
omokageni tatsu
botankana*

—Buson

Tatsu botan (la peonía erguida) se contrapone a la expresión *suwareba botan* (la peonía sentada: una mujer bella). Al mismo tiempo, *tatsu* significa irse, partir: una alusión a la muerte. *Omokage* es el rostro imaginario de una persona. Todo esto crea un complejo juego de palabras y asociaciones que permite la siguiente interpretación: sigo recordando el rostro de una belleza perdida (amante o esposa) como una peonía en su esplendor.

Pasan flotando
las flores para Buda,
arroyo abajo.

Fuyugawa ya
hotoke no hana no
nagare kuru

—Buson

Hay otra variante de este poema donde el único cambio es el verbo del último verso: *kuru* (venir) por *saru* (irse). Las flores de las ofrendas a los dioses pueden pasar flotando en una u otra dirección.

Luna de invierno…
Como un templo sin puertas,
el vasto cielo.

*Kangetsu ya
mon naki tera no
ten takashi*

    —Buson

Brisa de otoño:
mueve redes de pesca,
congoja y penas.

Kanashisa ya
tsuri no ito fuku
aki no kaze

—Buson

Gansos en vuelo:
en el cielo, una línea;
la luna, el sello.

*Ichigyō no
kari ya hayama ni
tsuki wo insu*

—Buson

¿Debo cortar
la flor blanca del loto?
—medita el monje.

Byakuren wo
kirantozo omou
sounosama

     —Buson

Zumba el mosquito
con cada flor que suelta
la madreselva.

*Ka no koe su
nindoo no hana
chiru tabi ni*

    —Buson

Donde ayer cielo,
una cometa en forma
de calamar.

*Ika nobori
kino no sora no
ari dokoro*

        —Buson

Otras versiones:

Sepia en el aire:
donde ayer hubo cielo,
un papalote.

Una cometa:
calamar donde ayer
estaba el cielo.

Sepia en el mismo
cielo que he visto ayer:
una cometa.

Los crisantemos
cuidas: eres esclavo
del crisantemo.

Kiku-zukuri
nanji wa kiku no
yakko kana

—Buson

Salta una rana
y al escucharla todas
las otras saltan.

*Hitotsu tobu
oto ni mina tobu
kawazu kana*

—Wakyu

Viento de otoño:
se estremece la sombra
de la montaña.

*Akikaze ya
hyorohyoro yama no
kageboshi*

    —Issa

Como murciélagos,
estas aves noctámbulas
hacen sus rondas.

Kawahori ni
yahochi mo sorori
sorori kana

   —Issa

Las «aves» del poema son un eufemismo para aludir a las prostitutas callejeras, que esperan a sus clientes en mitad de la noche.

Si los descubren,
melones en el agua,
vuélvanse ranas.

*Hito kitara
kawazu to nare yo
hiyashi uri*

    —Issa

En la visita
al cementerio el joven
lleva la escoba.

Sue no ko ya
o-haka mai[ri] no
hōki mochi

        —Issa

El «joven» es, en el original, el más joven: «hermano menor».

Mi acompañante
el día de Año Nuevo:
ave sin nido.

Ganjitsu ya
ware nominaranu
su nashi dori

        —Issa

Tarde de otoño:
cuatro paredes mudas
para mis quejas.

Kogoto iu
aite wa kabe zo
aki no kure

—Issa

El guardabosques
barre la primavera
con una escoba.

Yamamori ya
haru no yukigata wo
hōki shite

—Issa

Sol del otoño:
ni la risa del niño
le hace quedarse.

Osanago ya
warau ni tsukete
aki no kure

    —Issa

Aire rojizo:
del color de las flores
que he recogido.

*Akikaze ya
mushiritagarishi
akai hana*

—Issa

Sato, la hija fallecida de Issa, amaba las flores rojas y siempre quería recogerlas. Issa visitaba la tumba de su hija cuando vio estas flores: de ahí el poema.

Se acaba el año:
¿hasta cuándo ahí colgadas
esas tortugas?

Toshi [no] kure
kame wa itsu made
tsuru saruru

—Issa

Es fin de año (lunar), se acerca el Hojōkuyō, festividad budista en que los japoneses compran animales para liberarlos, y mientras pasea por el puente de Ryōgoku, el poeta ve unas tortugas que algún vendedor callejero tiene todavía colgadas de una cuerda.
En la tradición japonesa, la tortuga (*kame*) es animal de buen augurio: simboliza la longevidad, la sabiduría ante el paso del tiempo. Liberarlas implica una especie de exorcismo, una invocación para que esa larga vida que devolvemos a la naturaleza sea también la nuestra. Sin embargo, el poeta se queja de que todavía siguen colgadas las tortugas –como esa que pintara Hiroshige– en el mercadillo del puente, cuando ya, suponemos, muchos paseantes han vuelto a casa, a celebrar entre los suyos.
Uno de los grandes temas de Issa es la cuestión de la piedad y la simpatía hacia el resto de los seres vivos. Su poesía es también un nutrido bestiario y una confesión de fe casi franciscana: hay algo divino en todos esos «hermanos menores» que nos rodean. No es difícil suponer, entonces, que Issa se ve a sí mismo en la imagen del animal torturado, y que es capaz de sentir empatía hacia esos seres cautivos, como nosotros, de las circunstancias y los ciclos del tiempo, esperando una libertad que no llega. Entre líneas, Issa reprueba la hipócrita costumbre de capturar

Todo florece:
mañana de Año Nuevo.
Yo, igual que siempre.

Medetasa mo
chuu gurai nari
oraga haru

   —Issa

---

tortugas y otros animales sólo para que puedan ser vendidos y más tarde puestos en libertad.

Chris Drake atribuye a esa empatía un significado biográfico. Durante el año que ahora termina (1808), Issa ha vuelto a su ciudad natal en dos ocasiones para negociar su herencia con un medio hermano. Durante la segunda visita ha firmado un acuerdo para compartir la casa y los campos, pero su hermano se ha distanciado y le ha pedido más tiempo antes de implementar el acuerdo. Colgado entre su ciudad natal, Kashiwabara, y su adoptiva Edo, en una situación de incertidumbre, Issa se pregunta si su pariente retomará el acuerdo y saldará la deuda familiar –una disputa balzaciana sobre la que da bastantes detalles en su *Diario de la muerte de mi padre* (1801). «El poeta» –escribe Drake– «ha regresado a Edo de su segunda visita a su ciudad natal sólo diez días antes de escribir este haiku: no tiene casa y está un poco como esas tortugas, dependiendo de la bondad ajena, condenado a la paciencia. Con amarga ironía también se pregunta: ¿debemos nosotros, como tortugas, seguir colgados en el aire durante toda nuestra vida, o como manda la tradición, durante diez mil años?».

Las peonías
en realidad parecen
gatos en celo.

Neko no kurui
ga soo no
botan kana

        —Issa

En este mundo
vamos sobre el infierno
viendo las flores.

Yono naka wa
jigoku no ue no
hanami kana

—Issa

Salir de un cubo
para entrar en el otro:
¡qué sinsentido!

Tarai kara
tarai ni utsuru
chimpunkan

    —Issa

El *tarai* del primer verso es la tina, cubo o barreño que se usa lo mismo para lavar a los niños recién nacidos que para limpiar a los muertos. El sinsentido o *nonsense* de la existencia está aludido con el curioso término *chimpunkan*, que designa, en el habla coloquial japonesa, los sonidos ininteligibles en un idioma extranjero.

Luna en el agua,
en mil pedazos rota:
mil lunas de agua.

Kudakete mo
kudakete mo ari
mizu no tsuki

    —Chōshū

El ruiseñor,
que casi nunca viene,
vino hoy dos veces.

Uguisu no
ni-do kuru hi ari
konu hi gachi

—Kito

Ningún pincel
que capte la fragancia
de los ciruelos.

Ume-no-hana
ka nagara utsusu
fude mo gana

       —Shōha

Brisa de otoño:
contorno de una sola
sombra que espera.

Akikaze ni
hitori tachitaru
sugata kana

—Ryōkan

¡Pobre ladrón!
Se ha dejado la luna
en la ventana.

*Nusubito ni
tori nokosareshi
mado no tsuki*

—Ryōkan

Un día, al volver de una de sus habituales visitas a la aldea vecina, el monje Ryokan sorprendió a un ladrón que había entrado en su choza. Anochecía y la luna llena lo inundaba todo con su luz generosa. El monje, al ver que el ladrón no había encontrado nada para llevarse, tomó el único almohadón que tenía y le dijo: «Toma, llévatelo, es lo único que tengo para darle aparte de mi vestimenta y mi tazón de arroz». El ladrón, sorprendido, tomó el almohadón y las ropas que se le ofrecían, y huyó. Entonces, Ryokan se sentó desnudo en su choza, bajo la luna y se dijo: «¡Pobre tipo! Me habría gustado regalarle esta luna, tan hermosa». Esa experiencia le inspiró este célebre haiku.

Estanque nuevo:
salta dentro una rana
sin hacer ruido.

Araike ya
kawazu tobikomu
oto mo nashi

—Ryōkan

Evidente referencia al más famoso haiku de Basho: *Furuike ya / kawazu tobikomu / mizu no oto:* Un viejo estanque / donde salta una rana: / chapoleteo.

Días y días
que no cesa la lluvia;
envejecemos.

Hibi hibi ni
shigure no fureba
hito oinu

—Ryōkan

Observación de mi amigo japonés Tomoyuki Furuta: «Para evitar la lluvia, uno se encorva, de modo que acaba pareciendo un viejo. Pero en realidad no debería ser así».

Noche de estío:
me la he pasado en vela
contando pulgas.

Natsu no yo ya
nomi o kazoete
akashikeri

—Ryōkan

¡El ruiseñor!
Pero no hay casi nadie
que se dé cuenta...

*Uguisu ya
hyakunin nagara
kigatsukazu*

—Ryōkan

Hay en este poema una curiosa alusión al *Hyakunin isshu*, la célebre antología poética de la era Heian, donde ninguno de los cien autores incluidos alude al ruiseñor.

¿A quién contarle
mi pena porque acaba
hoy el otoño?

Yuku aki no
aware wo tare ni
kataramashi

    —Ryōkan

Un poco ebrio:
ando ligero al viento
de primavera.

Horoyoi no
ashimoto karoshi
haru no kaze

    —Ryōkan

Entre la bruma,
dos que caminan funden
sus corazones.

*Kiri ni kanashi to
kokoro toke futari
soiyukeri*

—Isso

Debo partir
mientras que tú te quedas:
son dos otoños.

Yuku ware ni
todomaru nare ni
aki futatsu

    —Shiki

Un poema muy famoso, que muchas veces ha sido atribuido erróneamente a Yosa Buson.

Un gorrión salta
con sus patas mojadas
en el pasillo.

*Nureashi de
suzume no ariku
rōka kana*

—SHIKI

Vuelvo la vista:
ese que me he cruzado
va envuelto en niebla.

Kaerimireba
yuki-aishi hito no
kasumi keri

—SHIKI

Pintando rosas:
son fáciles las flores;
las hojas, menos.

Bara wo kaku
hana wa yasuku
katakariki

—Shiki

Qué oscuro el ruido
del granizo cayendo
en la cubierta.

*Kampan ni
arare no oto no
kurasa kana*

    —Shiki

Uno de los mejores ejemplos de sinestesia como recurso poético, recurrente en el haiku. Su uso por parte de los maestros del haiku no es del todo ajeno a ciertas enseñanzas religiosas. En el budismo se habla de «Seis sentidos, cinco usos», es decir, se sustituye a veces un sentido por otro, o se usa un órgano para hacer el trabajo de todos los demás, un poder considerado semejante al de Buda.

Barco holandés
con todas esas velas:
monte de nubes.

*Ho no ōki
orandabune ya
kumo no mine*

    —SHIKI

Cubrió el rocío
un campo de patatas:
la Vía Láctea.

*Shiratsuyu ya
imo no hatake no
ama no gawa*

    —Shiki

Luna de invierno:
sombra de la pagoda
y un cedro helado.

Kangetsu ya
sekito no kage
sugi no kage

—Shiki

Ante la imagen
del Buda iluminado,
¡la carcajada!

Nehanzō
hotoke hitori wa
waraikeri

—S&#xHIKI;

Muy pocas luces
o demasiado templo:
la noche hiela.

*Ōdera no
tomoshi sukunaki
yosamu kana*

—S<small>HIKI</small>

Visita al templo;
mientras regreso escucho
bramar a un ciervo.

Kami ni hi wo
agete modoreba
shika no koe

    —Shiki

Pelo una pera:
ruedan por el cuchillo
gotas de perla.

*Nashi muku ya
amaki shizuku no
ha wo taruru*

—Shiki

Por dos monedas,
el fresco en la terraza
del viejo templo.

Nimon nagete
tera no en karu
suzumi kana

    —Shiki

Más de una vez
pregunté por la hondura
de la nïeve.

*Ikutabi mo
yuki no fukasa o
tazunekeri*
    —Shiki

Fuera llovizna.
La gelatina fría
sobre mi ombligo.

Shigururu ya
konnyaku hiete
heso no ue

    —SHIKI

El *konnyaku* del poema de Shiki es una cataplasma hecha con la gelatina casi insípida que se obtiene de la planta konjac, a cuya curiosa flor se le llama «lengua del diablo».
En el poema, la llovizna fría del invierno encuentra su complemento en este bloque de gelatina, usada para retener el calor, que, sin embargo, ya se ha enfriado por completo y sólo sirve para redoblar la sensación de frío y melancolía. Shiki padecía gastroenteritis.

¡Ya es primavera!
Este césped me inspira
jugar al béisbol.

Harukaze ya
mari o nagetaki
kusa no hara

—Shiki

Shiki, uno de los grandes maestros y renovadores del haiku, fue en su juventud un apasionado del béisbol, introducido en Japón, alrededor de 1872, por el norteamericano Horace Wilson. El poeta conoció ese deporte cuando ya era popular, en 1888, mientras estudiaba en la Preparatoria de Tokio, y le dedicó varios tankas y haikus, recogidos en la curiosa antología *Baseball Haiku*, editada y traducida por Cor van den Heuvel y Nanae Tamura (W. W. Norton and Company, 2007). Por ella nos enteramos de que su posición favorita era receptor, y que también escribió artículos sobre ese deporte y tradujo al japonés algunos de sus términos técnicos. Por todo ello, entró en el Salón de la Fama del Béisbol Japonés en 2002. Pese a su vocación deportiva, Shiki murió poco antes de cumplir los 35 años, consumido por la tuberculosis.

Césped de estío:
a lo lejos, jugando,
los peloteros.

Natsukusa ya
besuboru no
hito toshi

    —SHIKI

Blanca peonía:
luna de aquella noche,
despedazada.

Hakubotan
aru yo no tsuki ni
kuzurekeri

—Shiki

En el verano
enflaqueció de tantos
wakas y haikus.

*Waka ni yase
haiku ni yasenu
natsu otoko*

        —Shiki

Fiesta de urdimbres:
unos traman poemas,
otros vigilan.

Tanabata no
uta kaku hito ni
yorisoinu

—Kyoshi

Uso el término «urdimbre» para tratar de recuperar una metáfora que también en español emparenta el texto y la escritura con un tejido. En el original, el Tanabata es una fiesta tradicional, el festival de las estrellas Vega y Altair, donde la gente escribe deseos en tiras de colores, que luego cuelgan en ramas de bambú. Es también una festividad de tejedoras, vinculada al rito japonés del Tanabatatsume, en el que se ofrendaban telas a los dioses, y que cuando esa fiesta, originalmente china, llegó a Japón los aristócratas de la corte imperial lo celebraban con certámenes de poesía. Además, en su día, el Tanabata aún formaba parte de Obon, el Día de los Muertos o Files Difuntos, lo cual introduce también en el poema el sentido de reverencia y vigilancia de los antepasados. Según un artículo en una revista de la Universidad de Tokuyama (<http://www.lib.tokushima-u.ac.jp/m-mag/mini/114/114-2.html>), *uta kaku hito* («los que escriben poemas») se refiere a las personas queridas ya fallecidas. Visto de esta manera, el poema expresaría su deseo de acompañar a los muertos, probablemente a sus amigos poetas empezando por su maestro Shiki.

El poeta ha conseguido una imagen fulgurante, concentradísima: en ese certamen o competición, están los que, como tejedores, se afanan en urdir el poema, y están también los muertos, los predecesores, quienes se dedican a vigilar la trama, a mirar entre los hilos, como quien examina una pieza de un tejido finísimo.

En la quietud,
el ruido de algún pájaro
sobre hojas secas.

Shizukasa ya
ochiba o ariku
tori no oto

   —Ryūshi

La noche es corta.
Basho se nos acerca
a despedirse.

*Mijika yo no
bashoo wa nobite
shimai keri*

—Sōseki

———————

Otra versión:

La noche breve.
Sombra del platanero
que se despide.

Hacia la primavera de 1681, Basho recibió de su discípulo Rika una planta de banano (*bashō*), que sembró junto a su nueva choza. Es el origen de su más célebre y definitivo pseudónimo, por el que hoy lo conocemos. Este poema de Soseki es un homenaje al maestro, que hizo varias varias alusiones a esa planta, siempre con doble sentido.

Ruido en la piedra:
su cáscara de hielo
se resquebraja.

Ishi uteba
kararan to naru
koori kana

—Sōseki

Río en otoño
del que una piedra blanca
traje conmigo.

Aki no kawa
masshiro na ishi wo
hiroi keri

—Sōseki

Cielo de otoño:
resplandor amarillo,
hacha en los cedros.

Aki no sora
asagi ni sumeri
sugi ni ono

—Sōseki

Ya reencarnado:
¡dichoso! Es el otoño
del crisantemo.

Ikikaeru
ware ureshisa yo
kiku no aki

    —Sōseki

Vendí un poema:
lo cambié por incienso
antimosquitos.

Bun wo urite
kusuri ni kahuru
ka-yari kana

    —Sōseki

Viento de invierno
que resuena y revuelve
todos los ecos.

*Kogarashi no
magari-kunette
hibiki keri*

     —Sōseki

Bajo este cielo
veo entrar el otoño:
luna de estreno.

Zashite miru
tenka no aki mo
futatsukime

—Sōseki

En la fragancia
del crisantemo blanco,
luces y sombras.

*Shiragiku ya
nioi ni mo aru
kage hinata*

—Gaki

Sobre la roca,
la gota de rocío
como un diamante.

*Kongoo no
tsuyu hitotsubu ya
ishi no ue*

    —Bosha

En todo el día, / no dije nada; / sombra de mariposa.

Ichinichi mono iwazu chō no kage sasu

En este cuerpo / que siempre estuvo solo / crecen las uñas.

Sabishii karada kara tsume ga nobidasu

Sin que lo vieran / vino conmigo un perro / hasta la playa.

Itsu shika tsuite kita inu to hamabe ni iru

Tuve el calor / de un gorrión en mi mano, / y lo solté.

Suzume no atatakasa o nigiru hanashite yaru

Ya de tan lejos / no se escuchan las olas; / sólo el azul.

Koko kara namioto / kikoenu hodono / umi no aosano

Era mi cara. / Me compré el espejito / y volví a casa.

Wa ga kao ga atsuta chīsai kagami kaute modoru

Al mar entrego / el corazón inquieto.

Nanika motomeru/ kokoro umi e hanatsu

Para ordenar mi mente / afilo un lápiz.

Kokoro o matomeru enpitsu togarasu

Sin conseguir / enhebrar una aguja; / contemplo el cielo.

Hari ni ito o tōshiaezu aozora o miru

Despierto de la siesta / y sólo están las sombras / de las cosas cansadas.

Hirune okireba tsukareta mono no kage bakari

Sólo mojó / los árboles del alba / y partió: lluvia.

Akatsuki no kigi o nurashite sugishi ame

Una granada / me abrió su boca: / qué amor tan necio.

Zakuro ga kuchi aketa tawaketa koi da

Sobre la playa / miro hacia atrás sin ver / ya ni una huella.

Nagisa furikaeru waga ashiato mo naku

—Hōsai Ozaki

Hōsai Ozaki (1885-1926), poeta, borracho, genio menor –pero no por ello menos interesante– de esa colección de genios que es la poesía japonesa, es uno de los autores más populares de su país.

Una biografía de bolsillo: asistió a la prestigiosa Universidad Imperial de Tokio, donde se graduó en octubre de 1909. Por esa época, le propuso matrimonio a Yoshie Sawa, amiga de mucho tiempo y pariente distante por la rama materna. Por desgracia para Ozaki, su hermano mayor se opuso al matrimonio, creyendo que esta conexión materna estaba demasiado cerca. Después de este rechazo, dicen los biógrafos, el poeta comenzó a beber en exceso –aunque ya sabemos que en estos casos de probado impulso autodestructivo cualquier pretexto podría valer igual.

Después de graduarse, Ozaki se unió a la Compañía Tsushin Nihon en octubre de 1909, pero fue despedido un mes más tarde debido a su incompetencia. Al año siguiente, se unió a la Ozaki Toyo Life Insurance, donde durante un tiempo llevó una carrera aparentemente exitosa. Después de varias promociones, se casó con una muchacha de 19 años, llamada Kaoru, en 1911. Poco después, uno de sus subordinados lo describe «apestando a alcohol cuando comienza a trabajar cada mañana». Durante el mismo período, aunque todos los demás empleados de la firma vestían de traje, Ozaki sólo poseía un smoking y un par de pijamas. Llevaba ambos al trabajo. A pesar de esto, fue ascendido a Jefe de la Sección de Contratos, tal vez gracias a sus buenas conexiones.

Lo que sigue es previsible: sus problemas con el alcohol continuaron, fue despedido y terminó de monje mendicante en un monasterio budista. Ya en la pobreza absoluta, se retiró a una ermita a escribir haikus, una de sus pasiones de juventud. Estos son algunos de ellos, que he traducido a partir de las versiones en inglés de Hiroaki Sato (1993: *Right Under the Big Sky, I Don't Wear a Hat*. Berkeley: Stone Bridge Pres). Sato prefiere –y lo explica– mostrarlos en una sola línea: así que por esta vez mis versiones también están en una línea, aunque con las cesuras de los versos –o *ku*– indicadas.

Mi reflejo en el agua: / alguien de viaje.

Mizu ni kage aru tabibito dearu

Te aviso, grillo, / que sólo tengo arroz / hasta mañana.

Korogi yo asu no kome dake wa aru

Hasta el sonido / de las gotas de lluvia / se ha puesto viejo.

Amadare no oto mo toshi-totta

Solo, / soy pasto / de los mosquitos.

Hitori de ka ni kuwarete iru

Mientras camino, / se posa en mi sombrero / una libélula.

Kasa ni tombo wo tomarasete aruku

Esa montaña / que no veré de nuevo: / siempre más lejos.

Mata miru koto mo nai yama ga touzakaru

Sobre la nieve, / más nieve soportando / ese silencio.

Yuki e yuki furu shizukesa ni oru

Hoy, tampoco, nadie; / unas luciérnagas.

Kyou mo ichinichi dare mo konakatta hotaru

Bajo el ardiente / cielo de la montaña / fila de hormigas .

Yama no ichinichi ari mo aruite iru

En todo el día, / ni una palabra: / marea que sube.

Ichi-nichi mono iwazu umi ni mukaeba shio michite kinu

Justo antes de morir, / un viento fresco.

Shi o mae ni suzushii kaze

Quemo mi viejo diario: / ¿estas pocas cenizas?

Yakisutete nikki no hai no kore dake ka

Allí / donde hubo fuego / algo florece.

Yake-ato nani yara saite iru hou e

—Santōka

Taneda Santōka (1882-1940), cuya biografía parece una recopilación de los tópicos vitales del *haijin* moderno (estudios superiores en la capital, la maldición del alcohol, la pobreza, la vida errante de un monje mendicante, el refugio final en la fe budista), es uno de los poetas más populares de Japón. Cultivó el llamado *shinkeikō* («nueva tendencia»), un tipo de haiku moderno sin el tradicional corsé silábico 5-7-5, más cercano a lo que nosotros entendemos por verso libre, pero con la misma estética reconocible en los clásicos del género: la literatura japonesa concibe de manera más fluida nuestra dinámica entre tradición y ruptura. En internet hay muchos textos suyos traducidos al inglés. Con ellos y la antología de Burton Watson he armado mis versiones: poemas de una sola línea, con distintas medidas silábicas, e indicación de las cesuras para tratar de replicar las variaciones del original. A veces, inevitablemente (también en los originales) el poema quedaba «atrapado» en las 17 sílabas o *morae*.

Libro de insectos

Cigarras, grillos, luciérnagas, moscas, libélulas, mosquitos... La poesía japonesa muestra una especial preferencia por los insectos, que ha sido comentada por muchos escritores occidentales. A veces, estas especies no corresponden a nuestra idea común: tras los términos *mushi*, *semi* o *kirigirisu* hay un repertorio entomológico más variado que nuestros grillos o cigarras occidentales. Son, también, figuras que indican momentos de un ciclo estacional: las cigarras cantan en verano, las libélulas suelen llegar con el otoño.

El título de esta sección es también el de un libro maravilloso del pintor y grabador japonés de principios del siglo XIX, Mori Shunkei (1775-1841).

Unas cigarras:
ha llegado la noche
de lo incumplido.

Higurashi ya
kyo no ketai wo
mou-toki

    —Rikei

Ese chirrido
como un puño enemigo
me hala el cabello.

*Yama no kami no
mimi no yamai ka
semi no koe*

    —Teitoku

Esas cigarras
que hacen vibrar el árbol:
nada de viento.

Semi no koe
kigi ni ugoite
kaze mo nashi

   —Sōyo

Sobre el bambú
pesa más que la nieve:
son de cigarra.

Take ni kite
yuki yori omoshi
semi no koe

—Togetsu

Voz de cigarra:
homenaje a su cuerpo,
salmo a sí misma.

Ware to waga
kara ya tomurau
semi no koe

           —Yayu

¿Cantará el grillo
si de noche el rocío
llena su boca?

Yu-tsuyu no
yuchi ni iru made
naku semi ka

—Baishitsu

Roja libélula:
si le quitas las alas
¡una guindilla!

Akatonbo
hane o tottara
toogarashi

—Kikaku

A esa guindilla
le agregas unas alas:
¡una libélula!

*Toogarashi
hane o tsuketara
akatonbo*

—Basho

Es famosa anécdota que el discípulo Kikaku propuso a su maestro Basho un poema donde se comparaba a una libélula roja con un pimiento picante o guindilla. Tras reflexionar unos instantes, el maestro le contestó que así mataba a la libélula. «Un haiku debe dar vida, no quitarla», concluyó. Su corrección fue invertir el haiku original. Según Octavio Paz (en su libro de diálogos con Julián Ríos, *Solo a dos voces*), este «duelo» poético sirvió a André Breton para diferenciar entre «metáfora descendente» y «metáfora ascendente».

Total quietud:
la voz de la cigarra
cala las rocas.

Shizukesa ya
iwa ni shimi-iru
semi no koe

—Basho

Este poema, uno de los más célebres de Basho, fue escrito en el templo Ryūshaku, donde el poeta llegó el 13 de julio de 1689. La imagen de las rocas absorbiendo el sonido de las cigarras se ve un poco violentada en la versión de Paz, que usa el verbo, quizás un tanto anacrónico, «taladrar». Para Ebara, este verbo (*shimiiru*) expresa «movimiento en la lentitud y lentitud en el movimiento». Los comentaristas han discutido hasta el hartazgo sobre el significado de estas líneas: si son una o muchas las cigarras, si hay o no espíritu Zen en él, si se trata de una aprehensión de la naturaleza y sus ritmos o de la manifestación de cierta molestia por la manera en que el sonido de los insectos rompe la calma casi perfecta, cristalina, de esa tarde de verano. En cualquier caso, un gran poema, y uno de los ejemplos más depurados de la estética del haiku. La versión libre de Paz: («Tregua de vidrio:/ el son de la cigarra/ taladra rocas») está comentada en las notas de *Oku no hosomichi*: «Basho opone, sin oponerlos expresamente, lo material y lo inmaterial, lo silencioso y lo sonoro, lo visible y lo invisible, la quietud del campo frente a la agitación humana, la extrema dureza de la piedra y la fragilidad del canto de las cigarras. Doble movimiento: la conciencia intranquila del poeta se sosiega y aligera al fundirse en la inmovilidad del paisaje; el berbiquí sonoro de la cigarra penetra en la roca muda; lo agitado se calma y lo pétreo se abre; lo sonoro invisible (el chirriar del insecto) atraviesa lo visible silencioso (la roca). Todas estas oposiciones se resuelven, se funden, en una suerte de fijeza instantánea que dura lo que

Nada en el canto
de la cigarra anuncia
su pronta muerte.

Yagate shinu
keshiki wa miezu
semi no koe

　　　—Basho

---

duran las diecisiete sílabas del poema y que se disipa como se disipan la cigarra, la roca, el paisaje y el poeta que escribe... Se me ocurrió que la palabra *tregua* –en lugar de *quietud, sosiego, calma*– acentúa el carácter instantáneo de la experiencia que evoca Basho: momento de suspensión y armisticio lo mismo en el mundo natural que en la conciencia del poeta. Ese momento es silencioso y ese silencio es transparente: el chirrido de la cigarra se vuelve visible y traspasa a la roca. Así, la tregua *es de vidrio*, una materia que es el homólogo visual del silencio: las imágenes atraviesan la transparencia del vidrio como el sonido atraviesa al silencio».

Precedido por el título «La muerte golpea rápido», se trata de un haiku-fábula con el *kigo* correspondiente a principios de otoño. Los hombres, como la cigarra de cuyo fervor muchas veces se ríen, no conocen nunca el momento de su muerte. En ese sentido, no son más sabios que estos insectos. Para Donto, el poema está basado en un pasaje del *Tsurezuregusa* de Kenko: «De las cosas con vida, ninguna vive más que el hombre. Una mosca de la fruta muere antes de que acabe el día, y la cigarra de verano no conoce la primavera ni el otoño». En inglés es bastante popular porque aparece citado en el cuento «Teddy», una de las *Nine Stories* de J. D. Salinger.

Conmovedor:
bajo el yelmo se escucha
un viejo grillo.

Muzan ya na
kabuto no shita no
kirigirisu

—Basho

Se cuenta que Basho concibió este haiku cuando visitaba el santuario Tada, en Komatsu, el 8 de septiembre de 1689, y pudo ver allí el yelmo de Saito Sanemori, viejo guerrero muerto en una batalla entre los clanes Minamoto y Taira, cerca de Shinohera. Para ocultar su edad, Sanemori se fue a su última batalla con los cabellos teñidos, y no con las canas que lucía en vida. «Para asegurarse —explica Paz— de que realmente era el cadáver de Sanemori, sus enemigos lavaron la cabeza y descubrieron que se había teñido el pelo: el viejo soldado encontraba indecoroso morir tardíamente y con el cabello blanco. Los guerreros de esta época frecuentemente perfumaban su yelmo, para impedir o atenuar el hedor que despedirían sus cadáveres. Mostraban así que no pensaban regresar con vida».

Una libélula
que trata de posarse
sobre la hierba.

Tonbō ya
toritsuki kaneshi
kusa no ue

—Basho

Uno de los grandes ejemplos de minimalismo en la poesía de Basho, no sólo por la escasez de recursos convertida en virtud, sino también por la ampliación del detalle y el instante. En mi versión, intencionalmente perifrástica, he intentado reproducir un suspense que equivale al tiempo suspendido de la acción, aparentemente en vano, que el insecto repite una y otra vez. Porque en el poema no se produce sólo una ampliación del espacio (en la imagen aumentada), sino también una dilatación del tiempo.
Una lección bien aprendida por Marianne Moore, como puede verse al comienzo de su poema dedicado a Arthur Mitchell: «*Slim dragonfly, / too rapid for the eye / to cage* –(...)», que puede, perfectamente, desprenderse del resto y traducirse sin demasiado esfuerzo como un haiku:

Leve libélula:
tan rápida que el ojo
no la captura.

Gotas de lluvia
que le enjuagan los ojos
a la libélula.

Zubunure ni
nurete maji-maji
tonbo kana

    —Issa

Moscas de otoño:
todos los matamoscas
desbaratados.

*Aki no hae
hae tataki mina
yaburetari*

    —Shiki

Moscas odiosas…
Cuando quise matarlas
no se acercaron.

Hae nikushi
utsu ki ni nareba
yori tsukazu

—Shiki

Qué luz tan fría:
luciérnaga posada
sobre mi mano.

Te no uchi ni
hotaru tsumetaki
hikari kana

—Shiki

Otra versión:

Verde en la noche:
el brillo de un cocuyo
hiela mi mano.

Fácil se enciende;
fácil, también, se apaga
una luciérnaga.

*Moeyasuku
mata kieyasuki
hotaru kana*

   —Chine

Chine fue la hermana del poeta Mukai Kyorai, fallecida en 1688, a la temprana edad de 28 años. El poema que sigue se lo dedicó su hermano.

Triste, contemplo
su luz tenue en mi mano:
una luciérnaga.

*Te no ue ni
kanashiku kiyuru
hotaru kana*

—Kyorai

Otra versión:

Esa luz triste
que se apaga en mi mano:
una luciérnaga.

Lleno de sombras,
habitando en lo oscuro
cazo luciérnagas.

Mi no naka
no makkuragari
no hotaru-gari

—Kawahara Biwao

Lo que sabe la almohada

A partir de Kenneth Rexroth & Ikuko Atsumi (1977): *Women Poets of Japan*. New York: New Directions.

Ya le entregué mi joya.
Ahora dormimos juntas
mi almohada y yo.

*I gave the jewel away to its owner.
Now we two sleep together,
I and my pillow.*

*[Tamamori ni
tama wa azukete
katsugatsumo
makura to ware wa
iza futari nemu]*

—Ōtomo no Sakanoe no Iratsume

Literalmente: «Por fin entregué mi joya [su hija] a su dueño [el marido] tal como pude. Dormiré aquí sin ella, pero con mi almohada».

Cuando llega la noche
desbordo de tristeza.
Veo su espectro
pronunciar las palabras
que él solía decirme.

*When evening comes
sorrow overwhelms my mind.
I see his phantom
that speaks the words
he used to say.*

*[Yū sareba
monoomoi masaru
mishi ito no
kototou sugata
omokage ni site]*

—Kasa no Iratsume

Literalmente: «Cada atardecer me acuerdo de él con tristeza, y veo su rostro pidiéndome mi mano».

Caí dormida
mientras pensaba en él,
y vino a mí.
De saber que era un sueño
no hubiera despertado.

I fell asleep thinking of him,
and he came to me.
If I had known it was only a dream
I would never have awakened.

[Omoitsutsu
nerebaya hito no
mietsuramu
yume to shiriseba
samezara mashi o]

—Ono no Komachi

Ya no distingo
cuál es la realidad
y cuál el sueño.
¿En qué mundo despierto
de este sueño confuso?

I can no longer tell dream from reality.
Into what world shall I awake
from this bewildering dream?

[Yume ya yume
utsutsu ya yume to
wakanu kana
ikanaru yo nika
samemu to suramu]

—Akazome Emon

La almohada,
que lo sabe todo,
no va a decirlo;
no le cuentes a nadie
de nuestro sueño en una
noche de primavera.

*The pillow that knows all
won't tell, for it doesn't know,
and don't you tell
of our dream of a spring night.*

*[Makura dani
shiraneba iwaji
mishi mamani
kimi kataruna yo
haru no yo no yume]*

—Izumi Shikibu

¿Cómo podría
culpar a los cerezos
por rechazar
este mundo flotante
para irse con el viento?

How can I blame the cherry blossoms
for rejecting this floating world
and drifting away as the wind calls them?

[Uramizu ya
ukiyo o hana no
itoi tsutsu
sasou kaze araba to
omoikeru o ba]

—Hija de Shunzei

Mi cazador
de libélulas: ¿dónde
vagas ahora?

*My hunter of dragonflies,
How far
has he wandered today?*

*[Tonbo tsuri
kyo wa doko made
itta yara]*

—Chiyoni

Issa atribuyó este haiku a Chiyo. Hipótesis más actuales descartan su autoría y no lo incluyen en la lista de sus 1 700 poemas.

Sentada o acostada,
igual de largo sigue
mi mosquitero.

Wheter I sit or lie
My empty mosquito net
Is too large.

[Okite mitsu
nete mitsu kaya no
hirosa kana]

—UKIHASHI

Algunos creen que este poema pertenece en realidad a CHIYO, quien tras la muerte de su esposo habría reformulado el poema original de Ukihashi:

Me siento, me acuesto,
en vano espero noticias
sola en este mosquitero tan grande;
no es nada el fuego del incienso
comparado al fuego que arde en mi pecho:
¿te imaginas?

Ya todos duermen...
Nada que se interponga:
la luna y yo.

Everyone is asleep
There is nothing to come between
the moon and me.

—Enomoto Seifu-Jo

A ella me entregaría
susurrándole en sueños
sus poemas al oído
mientras duerme a mi lado.

I can give myself to her
In her dreams
Whispering her own poems
In her ear as she sleeps beside me.

[Yume ni semete
semete to omoi
sono kami ni
sayuri no tsuyu no
uta sasayakinu]

—Yosano Akiko

Otra versión tal vez más precisa (que hace justicia a las tres personas involucradas en el poema: la poetisa, su esposo, Yosano Hiroshi, aludido como *kami*, y la amante, *sayuri*, Tomiko Yamakawa) podría ser:

Al menos en sueños
cumpliré su deseo:
susurraré al oído
de quien yace a mi lado
su poema.

Tela florida:
otras cuerdas me ataron
al desvestirme.

O flower garment!
When I take it off,
various strings coil around me.

[Hanagoromo
nuguya matuwaru
himo iroiro]

     —Sugita Hisajo

Dos canciones de geishas

Vivimos juntos
dentro de un huevo.
Yo soy lo blanco,
el cuerpo que te envuelve.

You and me
we live inside an egg
me, I am the white
and wrap you round with my body.

Los amores recientes
y el humo del tabaco
poco a poco nos dejan
sólo cenizas.

The loves of a little while ago
and the smoke of tobacco
little by little leave
only ashes.

De La historia de Genji / *From* The Tale of Genji

La Dama Murasaki dijo:

El agua inquieta
se congela muy pronto.
Bajo este cielo claro
sombras y luz de luna:
flujo y reflujo.

La respuesta del príncipe Genji:

Los recuerdos de un largo amor
son nieve sobre nieve,
conmueven como patos mandarines
que flotan dormidos, muy juntos.

—Murasaki Shikibu

Los patos mandarines son, en la antigua tradición china que sirvió de modelo a la literatura clásica japonesa, el símbolo de un matrimonio feliz, puesto que se emparejan de por vida.

Lady Murasaki says:

*The troubled waters
are frozen fast.
Under clear heaven
moonlight and shadow
ebb and flow.*

Answered by Prince Genji:

*The memories of long love
gather like drifting snow,
poignant as the mandarin ducks
who float side by side in sleep.*

www.ingramcontent.com/pod-product-compliance
Lightning Source LLC
Chambersburg PA
CBHW030433190426
43202CB00036B/101